AF320925

MÉMOIRES AU ROI

SUR LA

COLONISATION DE L'ALGÉRIE

PAR L'ABBÉ LANDMANN

Chanoine honoraire d'Alger,

ANCIEN CURÉ DE BOUGIE, DE CONSTANTINE ET DE MUSTAPHA-PACHA,
MEMBRE CORRESPONDANT DE LA SOCIÉTÉ ROYALE ET CENTRALE D'AGRICULTURE DE PARIS.

Le salut de Dieu est près de céux qui le craignent, sa gloire habitera parmi nous.

La miséricorde et la vérité se sont rencontrées, la justice et la paix se sont embrassées.

La vérité est sortie du sein de la terre, et la justice nous a regardés du haut des cieux.

Le Seigneur répandra ses bénédictions, et la terre enfantera son fruit.

La justice marchera devant le fils de la terre ; elle ouvrira la voie où il portera ses pas.

PSAUME LXXXIV, verset 10.

PARIS,

CHEZ JACQUES LECOFFRE ET Cⁱᵉ, LIBRAIRES,

RUE DU POT-DE-FER-SAINT-SULPICE, 8 ;

CHEZ SAGNIER ET BRAY, LIBRAIRES,

RUE DES SAINTS-PÈRES, 64.

1845

SOMMAIRE.

Imprimerie SCHNEIDER et LANGRAND, rue d'Erfurth, 1.

NOTE PRÉLIMINAIRE.

Grâce à Dieu, les affaires de l'Algérie pourront désormais marcher rapidement. On comprend aujourd'hui ce que je répète depuis tant d'années, que nous n'avons d'avenir en Afrique qu'en y implantant une forte population française et chrétienne ; cette vérité est maintenant avouée par ceux-là mêmes qui avaient eu jusqu'ici le plus d'intérêt à nous la cacher. Le soulèvement récent de presque toute la province d'Oran, les trahisons de grandes tribus qui avaient déjà maintes fois marché avec les nôtres au combat, achèveront, je l'espère du moins, de dissiper tous les doutes à cet égard.

Il ne s'agit donc plus maintenant que de savoir comment on s'y prendra pour transplanter cette population sur les rivages africains.

Plusieurs systèmes sont proposés à cette fin : les

tristes résultats obtenus depuis trois ans par le système des petites concessions jettent aujourd'hui le gouvernement dans une voie tout opposée ; on ne parle plus que de grands capitalistes qu'il faut attirer en Afrique, et auxquels on veut faire des concessions de huit cents, de mille, de douze cents hectares, c'est-à-dire, tout autant qu'il en faudrait pour faire un gros village. Ce système vient d'être adopté et même perfectionné par un de nos généraux les plus distingués, par M. le général de Lamoricière, qui a publié dans le *Moniteur algérien* une *Note* à ce sujet ; outre ces grandes concessions de terrain, il propose d'accorder encore de fortes primes aux capitalistes.

D'un autre côté, M. le maréchal Bugeaud croit qu'il ne suffit pas d'attirer en Afrique une grande masse de colons et de capitalistes, mais qu'il nous importe bien plus d'y fixer une masse bien organisée, afin d'en *imposer aux Arabes, et par la masse, et par l'organisation ;* et comme l'armée remplit ces deux conditions, il préfère les colons militaires. J'accepte l'idée de M. le maréchal, mais je ne crois pas qu'elle suffise. A mon avis, il faut non-seulement en imposer aux indigènes, mais surtout *les gagner et les rallier à nous par les bienfaits de la civilisation ;* il faut, par conséquent, que l'organisation des colons soit en rapport avec ce but, et qu'elle

soit animée d'un grand esprit de justice, de bien-
faisance et de conciliation. Or tel n'est point le
but et l'esprit de l'armée : son but à elle, est de
renverser et de détruire les obstacles, de préparer
les voies aux progrès de la civilisation, ensuite de
maintenir et de défendre ces progrès contre les
ennemis qui pourraient les menacer. Sous ce rapport, notre armée est très-bien organisée, et elle ne
manque point son but. Mais pour civiliser des peuples barbares, il faut une autre organisation et un
autre esprit, comme je l'ai exposé dans mon opuscule publié en 1841, sous ce titre : *les Fermes du
petit Atlas* (1), et comme je le démontre encore
dans les deux Mémoires qui font l'objet de cette
publication.

Dans celui que je viens d'adresser à Sa Majesté, j'esquisse en peu de mots la position actuelle de notre établissement transméditerranéen,
puis j'expose les moyens de résoudre le problème de la colonisation. Cette exposition cor-
robore et complète *les Fermes du petit Atlas*. J'ai
fait au projet primitif deux amendements notables :
le premier consiste à ne mettre que vingt à vingt-
cinq familles de colons dans une ferme, avec une

---

(1) Brochure de deux cents pages in-8°, qui se trouve chez MM. Lecoffre
et Cie, rue du Pot-de-Fer-Saint-Sulpice, 8, et chez MM. Sagnier et Bray,
libraires, rue des Saints-Pères, 64.

cinquantaine d'orphelins des deux sexes, au lieu de cent familles, comme je le proposais d'abord. Puis je porte tout de suite au capital de fondation une somme de 40,000 francs pour la solde présumée des colons pendant les trois premières années. Ces deux dispositions donneront une grande facilité pour une bonne composition, pour la direction et pour le développement prospère de l'établissement.

J'ai adressé le second de ces Mémoires au Roi, dans les premiers jours de juillet 1842, à la suite d'une audience que Sa Majesté avait daigné m'accorder, et à la fin de laquelle Elle avait daigné me dire : « Qu'Elle lirait avec intérêt un nouveau développement des considérations que je venais de lui soumettre sur les difficultés de la colonisation de l'Algérie. » Quoique cette pièce ne contienne que des idées générales que je reproduis en grande partie dans le nouveau Mémoire, je la livre néanmoins au public, afin qu'il voie quelle était dès lors mon opinion sur les résultats éventuels de la colonisation non organisée, et sur notre position vis-à-vis des indigènes.

Pour mettre le public en position de juger mon projet avec une parfaite connaissance, je donne à la suite le système de colonisation de M. le général Lamoricière, tel qu'il l'a exposé lui-même dans une lettre adressée à M. le gouverneur général de l'Algérie, qui a été insérée avec la réponse du maréchal dans le *Moniteur algérien*. J'y joindrai aussi le projet d'organisation de colonies militaires, que M. le duc d'Isly vient de communiquer au public, et qui a soulevé dans la presse de si violentes récriminations.

De cette manière, le public pourra comparer les différents systèmes entre eux, connaître la valeur de chacun, et prononcer définitivement sur le projet qui lui paraît le mieux approprié pour atteindre le plus promptement, le plus avantageusement et le plus dignement le but vers lequel tendent tous les systèmes, c'est-à-dire, à la colonisation et à la civilisation de l'Algérie par la France.

D'après les journaux, des centaines de familles, dans les départements de l'est et du sud-ouest de la France, abandonnent dans ce moment leurs foyers pour aller se fixer en Algérie; ceci prouve bien ce que j'ai avancé dans mes Mémoires, quant à la facilité de trouver une nombreuse population française pour notre colonie; mais je suis loin de partager la satisfaction que témoignent ces journaux, à la vue de ce mouvement, plutôt instinctif que réfléchi, des émigrants. Ce n'est pas pour la première fois qu'un pareil mouvement a lieu. Depuis douze ans, il nous est arrivé chaque année une quantité de plus en plus considérable de colons. Que sont-ils devenus? La moitié de ceux qui sont arrivés en Algérie, depuis 1840 seulement, n'existent plus, et on aurait de la peine à retrouver un dixième de ceux qui sont arrivés avant cette époque! Les nouveaux venus seront-ils plus heureux? Je n'ose guère l'espérer ; je crains même que bientôt ils n'ajoutent foi à ce qu'un grand nombre de militaires de tout grade répètent si souvent en Afrique : « La France ne garde l'Algérie que pour « se débarrasser du trop plein de sa population...» Puissent donc le gouvernement et les autorités départementales comprendre qu'il y a une grande responsabilité à pousser chaque année un grand nombre de pauvres familles vers les rivages africains, et qu'il serait d'une bonne politique autant que de l'humanité, de prendre enfin des mesures efficaces pour garantir du moins l'existence des émigrants, en attendant qu'on puisse leur assurer les avantages d'une colonisation qui permette à la France d'économiser ses trésors et le sang de ses enfants !

Paris ce 20 novembre 1845.

AU ROI.

Sire,

J'ai eu l'honneur, il y a trois ans, d'obtenir de *Votre Majesté* la faveur d'une audience, et de Lui exposer le danger de notre position en Algérie, la nécessité d'implanter dans ce pays une forte population chrétienne et française, et les moyens indispensables pour arriver promptement à ce grand résultat. *Votre Majesté* a daigné m'écouter favorablement, et même me dire qu'Elle lirait avec plaisir un mémoire dans lequel je développerais les considérations que je venais de Lui soumettre.

Je me suis empressé de répondre au désir de *Votre Majesté*, et, dans le courant du mois de juillet 1842, j'ai eu l'honneur de Lui adresser ce mémoire. J'y insistais principalement sur l'absolue nécessité d'une bonne organisation de notre établissement africain d'après le plan exposé dans mon mémoire imprimé en 1841, sous le titre : *Les Fermes du petit Atlas*. J'ai fait voir, d'un côté, que, sans cette organisation, il n'y a pas d'avenir pour nos colons en Afrique, et qu'ils succomberont infailliblement sous les grandes et nombreuses difficultés qu'ils y rencontraient; d'un autre côté, j'ai encore démontré que cette organisation n'est pas moins nécessaire pour pouvoir gagner, rallier à nous et civiliser les populations indigènes. Quelques jours après que j'eus déposé ce mémoire au pied du trône, est arrivée cette catastrophe à jamais déplorable, qui a privé *Votre Majesté* d'un fils chéri, en qui l'armée, la France et l'Algérie avaient mis leur espoir. J'ai été d'autant plus consterné de ce malheur, que j'avais eu l'honneur de présenter mes hommages à Son Altesse Royale lors de son arrivée à Constantine, dont j'étais alors curé. Elle avait daigné m'assurer à plusieurs reprises de sa puissante protection pour la réalisation de mon plan, dont sa haute et noble intelligence avait reconnu tout de suite la portée.

Comme je pensais que, brisée par la douleur, et préoccupée désormais d'affaires bien autrement graves, *Votre Majesté* n'aurait pas le loisir de lire mon rapport, je me suis décidé à retourner aussitôt en Afrique. Mais avant que je quittasse la capitale, M. le maréchal, président du conseil des ministres, qui avait bien voulu prendre connaissance de mon mémoire imprimé, me fit remettre deux lettres, l'une pour M. le gouverneur général, l'autre pour M. le directeur de l'intérieur à Alger. Son Excellence les invitait à me seconder pour la fondation d'un établissement agricole en Algérie, comme je le proposais. On sembla d'abord accueillir mon projet avec faveur; bientôt on en vint aux objec-

ions ; on me suscita des difficultés, et je ne fus pas longtemps à me convaincre que, bien loin de me seconder
efficacement, on chercherait à faire échouer mon entreprise. Je pris donc la résolution de surseoir à la réalisation de mon plan, et d'attendre des circonstances plus favorables. Je me suis décidé d'autant plus facilement à
prendre ce parti, que M. le gouverneur général et M. le
directeur avaient chacun son système de colonisation bien
arrêté, et qu'ils commençaient à l'appliquer : le premier,
par la fondation d'Aïn-Fouka et de Beni-Méred ; le second,
par la création de nombreux villages. Je me disais : S'ils
réussissent, tant mieux, ils m'épargneront bien des pei-
nes ; s'ils échouent, je reprendrai mes travaux, et je
tâcherai de faire mieux. Eh bien, les villages de M. le
directeur de l'intérieur ont complétement échoué ; les
mémoires et les renseignements envoyés, à ce sujet, par
M. le gouverneur général au ministère de la guerre en
font foi ; je les ai visités tous l'automne dernier, et quelques-uns même à plusieurs reprises ; je suis entré chez
un grand nombre de colons, chez les administrateurs
comme chez les administrés ; je me suis informé minu-
tieusement de leur position actuelle et de leur espoir
pour l'avenir, et je n'ai trouvé presque partout que dé-
couragement et une misère profonde. Beaucoup d'hommes, de femmes et d'enfants, qui étaient arrivés de
France forts et robustes, il y avait à peine un an, se trou-
vaient déjà flétris et ruinés par les maladies ; bien peu de
familles pouvaient se féliciter de n'avoir pas encore perdu
quelqu'un des leurs. L'autorité avait mis à la dispo-

sition des malades civils quelques salles dans les hôpitaux militaires de Douéra , de Koléah , de Blidah et de Bouffarik; mais la plupart aimèrent mieux rester chez eux que de se séparer de leur famille, et ceux qui entraient dans les hôpitaux, ne le faisaient qu'à la dernière extrémité, et quand il était trop tard. Dans plusieurs villages, comme à Douaouda, à Cressia, à Saint-Charles, etc., j'ai trouvé des familles entières alitées, sans médicaments, et sans autre nourriture que quelques pommes de terre qu'ils mangeaient froides ! Quand je leur demandais pourquoi ils n'entraient pas à l'hôpital de leur district, les uns me répondaient qu'ils ne le pouvaient pas, qu'ils en étaient trop éloignés; d'autres qu'ils y mourraient aussi bien que chez eux, qu'ils n'attendaient plus que la mort. Il y en avait même qui me disaient que déjà plusieurs fois ils avaient eu la pensée de réunir ce qui leur restait de forces pour aller creuser une fosse et s'y jeter avec toute leur famille. Presque tous se répandaient en imprécations violentes contre ceux qui, par de belles promesses ou des provocations spécieuses, les avaient attirés en Afrique.

Quoique je n'aie jamais engagé une seule famille à aller se fixer en Algérie, et qu'au contraire j'aie toujours fait tous mes efforts pour retarder le départ de celles qui étaient venues me consulter à ce sujet, jusqu'au moment où une organisation bienveillante leur offrirait de sérieuses garanties , ces scènes affligeantes me déchirèrent le cœur; je ne pus m'empêcher de mêler mes larmes aux leurs, je cherchai à les consoler; je leur dis que ceux-là même qui les avaient attirés dans ce pays, ne connaissaient pas les obstacles nombreux à l'implantation d'une population française en Afrique ; je leur conseillai d'aller ou de se faire transporter à l'hôpital, et je leur distribuai quelques secours pécuniaires pour qu'ils pussent le faire.

Comme dès mon arrivée en Afrique, au commencement de 1839, je m'étais appliqué à étudier les difficultés qui pourraient s'opposer à notre établissement sur ces côtes, j'avais depuis longtemps acquis la conviction que, de même qu'il n'y a pas d'avenir pour la France en Algérie, sans une forte population française et chrétienne, de même aussi il n'y aura pas de salut pour cette population sans une bonne organisation ; néanmoins, je ne pensais pas que les résultats de la colonisation non organisée seraient aussi désastreux que je les avais sous les yeux. Je me reprochais alors amèrement d'avoir attendu si longtemps à poursuivre mon projet d'association, et je pris la ferme résolution de ne plus me laisser arrêter par aucune considération, de résigner de nouveau ma cure de Mustapha, comme déjà j'avais résigné, pour le même motif, celle de Constantine, et de me dévouer désormais entièrement à la réalisation du plan que Dieu m'avait inspiré.

Les deux villages d'Aïn-Fouka et de Beni-Méred, fondés par M. le gouverneur, ont certainement mieux réussi, parce qu'on a fourni aux soldats, non-seulemeut des maisons toutes construites, ainsi que les bœufs et tous les instruments aratoires nécessaires, mais encore la solde et les vivres de campagne pendant deux ans; néanmoins ces villages sont loin d'avoir donné les résultats que l'on devait en attendre, et en général la position de la colonie est plus triste que jamais.

On peut appliquer aujourd'hui à notre établissement africain ce que Tacite disait autrefois de Rome : *Vita populi per incerta maris et tempestatum quotidie volvitur* (1). Nous pouvons y ajouter pour l'Algérie : *et per incerta rerum politicarum;* c'est un élément non moins variable et non moins perfide que la mer et les tempêtes. Nous sommes aujourd'hui en Afrique près de deux cent mille hommes, civils et militaires; et, dans le cas d'une guerre maritime qui intercepterait, pendant six mois seulement, les arrivages dans nos ports d'Afrique, nous serions tous réduits à une affreuse famine. Tout le blé nous vient de la mer Noire; sans ce blé, il y a longtemps que nous aurions été obligés d'abandonner l'Algérie; sans lui, un grand nombre même de tribus arabes n'auraient pas eu, il y a deux ans, un morceau de pain à manger. « Nous croyions, dirent plusieurs *cheiks* à M. le gouverneur général, qu'en ne cultivant pas nous vous forcerions à quitter le pays, mais nous voyons bien maintenant que c'est nous qui, sans votre blé, aurions été la victime de cette mesure. » Il est vrai, aujourd'hui les indigènes nous amènent encore quelques maigres troupeaux, mais bientôt ils ne le pourront plus; car ces troupeaux sont maintenant réduits à bien peu de chose

(1) La vie du peuple roule tous les jours à travers les hasards de la mer et des saisons.

par les razzias fréquentes et par la consommation jour-
nalière de l'armée et des colons ; et si le gouvernement
ne s'occupe pas spécialement de leur reproduction, il
sera bientôt dans la nécessité, même en temps de paix,
de faire venir et de payer au poids de l'or les bœufs d'Espagne et d'Italie, comme il l'a fait en 1840 ; d'ailleurs,
dans le cas d'une guerre extérieure, les indigènes non-
seulement ne nous fourniraient plus rien, mais ils se lè-
veraient tous en masse pour exterminer les infidèles ; *car
ils ne sont nulle part soumis, mais seulement comprimés.
Donc, coloniser l'Algérie de la manière qu'on le fait
maintenant, ce n'est autre chose que d'acculer toujours
une plus grande foule d'hommes aux bords d'un préci-
pice épouvantable......*

M. le gouverneur général a la même conviction, et
c'est cette conviction qui lui a inspiré le courage de pu-
blier et de commencer à exécuter ses projets de colonies militaires. Son Excellence n'ignorait nullement les
répugnances du ministère, des chambres et de l'opinion
publique pour de pareilles colonies ; mais la grandeur et
l'imminence du danger auquel est exposé notre établissement transméditerranéen, l'ont fait passer par-dessus
toutes ces considérations, et je ne saurais qu'applaudir
à la démarche hardie qu'il a faite, si son système pouvait
résoudre le grand et difficile problème de la colonisation de l'Algérie. Mais, malgré les avantages incon-
testables de ce système sur les deux systèmes de la direction civile, dont le premier n'a eu d'autres résultats que
la création d'une vingtaine de villages qui végètent dans

la misère, et qui, dans une guerre européenne, seraient un grand embarras pour le gouvernement (1) ; et dont le second, récemment adopté, si on continuait à l'appliquer, livrerait à la cupidité de quelques spéculateurs la plus grande partie des terres conquises par le sang de plus de cent mille Français, sans permettre de diminuer de bien longtemps le cadre de notre armée et les énormes dépenses qu'elle entraîne ; ce système est cependant loin de résoudre encore le problème colonial.

Cette solution dépend de la réalisation de deux choses : d'abord de l'implantation, de l'accroissement prospère et de la propagation d'une forte population française et chrétienne ; ensuite de la soumission non-seulement extérieure, mais franche et sincère des peuples indigènes. Mais les colonies militaires ne pourront jamais réaliser ces deux choses, ce qu'il est facile de prouver.

Pour qu'une population européenne puisse prospérer, il ne faut pas seulement qu'elle soit fortement organisée et bien acclimatée, mais encore qu'elle possède des capitaux considérables et des connaissances raisonnées d'agriculture.

L'armée remplit bien la première de ces quatre conditions, et jusqu'à un certain point la seconde, mais non pas les deux dernières ; elles ne sont cependant pas moins nécessaires que les deux autres. Il est vrai, M. le maréchal Bugeaud espère que les chambres vote-

(1) C'est l'observation présentée par M. le gouverneur général dans la commission des crédits supplémentaires de la chambre des députés durant la dernière session.

ront les trois à quatre cent millions indispensables pour la réalisation de son système; mais il est fort douteux qu'elles le fassent, puisque leurs commissions se sont déjà prononcées très-explicitement contre ce système.

D'ailleurs, quand même les chambres voteraient ces énormes sommes, les colonies militaires ne pourraient pas prospérer. Pour qu'elles le pussent, il faudrait aux soldats colons des habitudes et des connaissances en agriculture que généralement ils n'ont pas.

En Afrique, moins que partout ailleurs, on n'improvise des agriculteurs. Les tristes résultats obtenus depuis quinze ans par la presque totalité des Européens qui ont voulu faire de l'agriculture en Algérie, ne prouvent que trop ce que j'avance. Je veux cependant supposer que ces colonies militaires prospèrent; eh bien, dans ce cas, le difficile problème ne serait encore résolu qu'à moitié. A côté de ces établissements se trouveront les populations indigènes qui, pendant longtemps encore, seront en majorité. Qu'en faire ? *Si notre établissement doit être durable, il faut ou les gagner et les rallier à nous, ou les exterminer :* qu'on choisisse!

Votre Majesté et la plus grande partie de la France préféreraient certainement abandonner l'Algérie, aujourd'hui encore, malgré tous les sacrifices qu'on y a déjà faits, plutôt que de déshonorer nos annales du récit d'abominables massacres. Cependant, avec le système des colonies militaires, on ne pourra pas les gagner et les rallier à nous. Les exemples d'indifférence religieuse, d'ivrognerie et d'impiété même, que donnent journellement les soldats, éloigneront la plupart des musulmans de nos établissements ; ils préféreraient s'enfoncer dans le désert, et croiraient avec raison ne pouvoir jamais faire trop de sacrifices pour se garantir eux et leurs enfants de pareils vices. Dans ce cas, il nous arriverait tôt ou tard ce qui nous est arrivé maintes fois en Italie et en Espagne ; dans dix et vingt ans encore , une armée étrangère de vingt mille hommes qui débarquerait sur un point des côtes du Maroc ou de l'Algérie aurait bientôt rallié à elle toutes ces populations fanatiques. Quelques chefs qui nous sont sincèrement attachés seraient bientôt assassinés, et, malgré la bravoure de nos soldats, nous ne tarderions pas à être réduits à quelques villes fortifiées.... Toutes ces difficultés et tous ces dangers disparaissent dans le système que j'ai l'honneur de proposer , et dont je vais esquisser les principaux traits.

Puisqu'il s'agit ici d'une transplantation d'hommes qui sont nos concitoyens et nos frères, il faut au moins faire pour eux ce que fait un agriculteur expérimenté qui veut avoir une belle plantation. Comment s'y prend-il ? Il cherche d'abord et examine soigneusement le terrain convenable au genre de culture qu'il veut établir. Il sait que parmi les végétaux, les uns demandent un terrain chaud et humide, d'autres un terrain sec ; ceux-ci préfèrent des lieux élevés et bien aérés ; ceux-là des endroits bas et bien abrités, et il se décide en conséquence. Fixé sur ce point, il fait bien préparer la terre qui doit recevoir ses plants ; il y fait déposer en même temps les

engrais qui leur doivent fournir la nourriture et la
chaleur nécessaires pour prendre un accroissement
prompt et vigoureux. Dans le choix des plants, il
examinera avec attention s'il n'y en a pas qui soient
déjà attaqués par quelques-uns de ces insectes mal-
faisants qui empêchent leur développement, et qui leur
donneraient bientôt la mort. Ce choix est pour lui de
la plus grande importance, et il préférera payer le
double pour de bons plants, sains et bien venus, de ce
qu'il payerait pour des plants vicieux et rabougris. Il
prend ensuite toutes les dispositions nécessaires pour les
garantir contre la contagion et contre les intempéries
des saisons; il ne se contentera pas de ces premiers
soins, mais il les continuera durant tout le cours de
leur premier développement, et il n'est pas douteux que
si ces soins sont intelligents et assidus, ils ne soient
couronnés d'un plein succès.

Est-ce ainsi qu'on s'y est pris pour fonder des villages
en Algérie ? On n'a, pour ainsi dire, rien fait de tout
cela. Dans le choix du terrain pour l'emplacement des
villages, on s'est laissé guider principalement par les
considérations stratégiques, et l'on a presque entièrement
perdu de vue les considérations agronomiques et hygié-
niques qui auraient dû déterminer ce choix. On a réuni
dans le même lieu des familles venues de toutes les parties de l'Europe, qui ne se connaissaient pas, qui diffé-
raient de langage, de religion, de mœurs, d'habitudes,
et qui, par conséquent, n'avaient aucune affection, aucune sympathie les unes pour les autres. Très-souvent

même, plusieurs de ces nouveaux venus n'avaient aucune idée des travaux agricoles.

On n'a pas fait les préparations, je veux dire, les constructions nécessaires pour les loger et les abriter. Il est vrai qu'on leur a accordé quelques matériaux pour qu'ils pussent se bâtir une maison; mais, comme ces matériaux étaient insuffisants, ils ont été obligés de dépenser pour leur habitation le petit pécule qui aurait dû les nourrir jusqu'à ce que la terre fût défrichée et mise en rapport. Comme ils étaient presque tous également pauvres, peu d'entre eux ont osé donner à leur voisin mourant de faim un morceau de pain, de peur d'en manquer eux-mêmes. Privés de direction et d'instruction agricole et hygiénique, ces pauvres gens ont voulu cultiver et vivre comme ils avaient cultivé et vécu chez eux; les récoltes manquèrent, et ils tombèrent promptement dans une grande misère; bientôt, les fièvres, la dyssenterie et la nostalgie mirent le comble à leur malheur ; beaucoup y ont succombé ; d'autres traînent encore une misérable existence, et bien peu ont l'espoir d'avoir un jour ce bien-être pour lequel ils ont quitté leur patrie. Et tels seront toujours les résultats, aussi longtemps qu'on abandonnera les colons à leur faiblesse et à leur inexpérience, et qu'on n'aura pas adopté un meilleur système.

Pour mieux faire apprécier l'utilité, l'absolue nécessité des moyens de colonisation que je propose, je vais rappeler en deux mots quelles sont les difficultés que nous avons à vaincre en Afrique. La plupart des familles

qui quittent leur patrie pour venir s'établir en Algérie
sont pauvres, et quand elles y arrivent, il leur reste à peine
quelques centaines de francs, qui ne sont rien moins
que suffisantes pour s'installer comme agriculteurs en
Afrique. Ensuite ces hommes ne connaissent ordinairement l'agriculture que par routine ; cette routine pouvait leur suffire dans le pays d'où ils sortent, où elle
était peut-être le fruit d'une longue expérience; mais en
Afrique, toutes les circonstances sont changées ; le soleil,
le climat, le sol, les saisons, tout est différent dans nos
possessions transméditerranéennes. Il faut donc ici des
connaissances raisonnées et pratiques en agriculture,
ou au moins une routine propre au pays. En outre,
pour conserver la santé au colon, il lui faut une manière
de vivre, un régime hygiénique autre qu'en France ;
pendant les premières années surtout, il doit être entouré de beaucoup de soins et de précautions jusqu'à ce
qu'il soit bien acclimaté. Les maladies qui exercent tant
de ravages en Algérie sont ordinairement peu redou-
tables, si elles sont soignées convenablement et prises à
temps, mais si elles sont négligées, elles deviennent en
peu de temps incurables. Il faut donc que le colon, aux
premiers symptômes de la maladie, cesse tout travail et
se soumette au traitement prescrit par le médecin : or
c'est ce que ne fait pas, et ce que ne peut presque pas
faire le colon individuel, parce qu'en Afrique, le temps
propice, soit aux semailles, soit à la récolte, est court et
passe bien vite. Si le malade suit alors les prescriptions
du médecin, la récolte d'une année est perdue ; s'il ne

les suit pas et qu'il veuille d'abord terminer les travaux urgents, le germe mortel qu'il porte dans son corps se développera rapidement et ne pourra plus être extirpé par aucun remède. Le colon, atteint de maladie, se trouve ainsi suspendu entre deux abîmes, et le plus souvent, dans son désespoir, il se jette dans celui d'où il ne pourra plus se retirer ; je pourrais citer à ce sujet un grand nombre de faits tous plus tristes les uns que les autres. Enfin, comme les populations au milieu desquelles il faut asseoir nos colonies nous sont extrêmement hostiles, il n'y a pas, même en temps de paix, assez de sécurité ni pour les colons éparpillés dans les champs, ni pour leurs troupeaux, ni pour leurs moissons, et en temps de guerre, ou à la première levée de boucliers, cette sécurité serait tout à fait détruite.

Telles sont les quatre grandes difficultés qui s'opposent à la colonisation non organisée, et qui feront échouer pendant longtemps encore tous les essais qu'on tentera en ce genre. Eh bien, toutes ces difficultés disparaissent dans le système que je propose. Voici en quoi il consiste : il s'agit de fonder de grandes fermes où les colons, au nombre de vingt à vingt-cinq familles, travailleront pendant trois ans environ, sous une direction commune, composée de personnes dont les connaissances et les fonctions répondront à tous les besoins moraux, intellectuels et physiques de l'établissement. En conséquence, cette direction sera composée d'un directeur général de l'établissement, du directeur des travaux agricoles, du capitaine de la défense, du médecin et du curé. Il y aura aussi dans chaque établissement une petite communauté de religieuses chargées de l'instruction des enfants, du soin des malades, du pansement des indigènes, et de tous les services importants de l'économie domestique de la ferme.

En outre, comme il y a en France un grand nombre d'orphelins et d'enfants trouvés, chaque ferme en recevra une trentaine des deux sexes; chacune rachètera aussi une vingtaine d'enfants esclaves, qui seront, ainsi que les orphelins, adoptés par la direction et les religieuses, qui leur serviront de pères et de mères. A l'âge de quinze ans, tous ces enfants seront associés aux bénéfices de la ferme, afin qu'ils puissent plus tard, avec leurs épargnes et les dots de leurs parents adoptifs, aller en fonder de nouvelles.

Les colons, comme dans toutes les grandes fermes en Europe, seront logés, nourris et payés à tant la journée, d'après une règle établie d'avance entre eux et la direction. Mais les quatre cinquièmes de ce salaire ne leur seront délivrés qu'au bout de trois ans, au moment de leur sortie de l'établissement.

S'ils tombent malades, ils seront soignés gratis; leurs enfants, quel que soit leur nombre, seront également nourris, soignés et instruits aux frais de l'établissement, jusqu'à l'âge de quinze ans; après ce terme, ils recevront aussi une solde et une part dans les bénéfices, proportionnées aux services qu'ils seront capables de rendre. Les colons pourront quitter l'établissement quand bon leur semblera, en prévenant six semaines d'avance; mais aussi la direction aura la faculté de renvoyer ceux d'entre eux dont elle n'aurait pas lieu d'être satisfaite. Dans ces deux cas, les colons qui auront quitté la ferme, ou qui en auront été renvoyés, n'auront droit qu'à la solde des travaux accomplis jusqu'au moment de leur sortie de l'établissement. Mais les colons qui auront travaillé dans l'établissement pendant trois années consécutives, auront, outre cette solde, une part proportionnelle dans les bénéfices qui seront partagés au bout des trois premières années, et dont je parlerai plus bas.

Comme cette part dans les bénéfices pourra être considérable et atteindre même le chiffre du salaire, il y aura là un stimulant puissant pour les engager à bien faire leur devoir et à n'être pas renvoyés de l'établissement.

Pour arriver promptement à des résultats considérables, et ménager cependant autant que possible les forces de nos colons, il y aura dans chaque ferme des troupeaux nombreux et bien choisis, et un grand matériel d'instruments aratoires; une vingtaine de paires de bœufs, une trentaine de chevaux, principalement des juments, dix bonnes vaches d'Espagne ou d'Italie, une quarantaine de vaches indigènes, un millier de brebis, plusieurs truies et une nombreuse basse-cour.

Voici à quelle somme pourront monter les frais de fondation d'un pareil établissement, pendant les trois premières années, y compris la solde et l'entretien des colons :

1° Prix des constructions pour loger vingt-cinq familles

de colons, le personnel de la direction et de l'administration, cinquante orphelins et enfants trouvés ou rachetés,
et pour mettre à couvert les troupeaux. .   50,000 fr.

M. le colonel Marengo, qui a déjà rendu
de si grands services à la colonie par l'organisation des condamnés militaires et par
la construction des villages de Saint-Fer-
dinand, de Sainte-Amélie, du couvent des
Trappistes, de la maison des orphelins, de
celle des orphelines, etc., etc., m'a assuré
qu'avec la troupe il ferait ces constructions à ce prix; si elles étaient faites par
des ouvriers civils, elles reviendraient
pour le moins au double.

2° Prix du mobilier indispensable, y
compris ce qui est nécessaire pour monter
de petits ateliers de forgeron, de char-
ron et de bourrelier   10,000

3° Pour les troupeaux :

20 paires de bœufs.   .   .   6,000 fr.
25 chevaux 10,000
10 vaches d'Espagne .   .   5,000
40 vaches indigènes.   .   .   4,000
1,000 brebis. 10,000
Basse-cour, abeilles, truies.   .   1,000
Entretien de ces troupeaux
pendant les premiers mois.   .   6,000
                                        ————
                          40,000 fr.   40,000
                                        ————
                  Total.   .   .   100,000 fr.

                                          2

Report. . . . 100,000 fr.

4° Instruments aratoires, charrues, herses, semoirs, chariots, machine à battre le blé, et harnais 10,000

5° Semences : blé, orge, pommes de terre, patates, plants d'olivier, de mûrier, de vigne, etc. 10,000

6° Entretien de vingt-cinq familles pendant la première année 25,000

7° Entretien et frais de l'administration et de la petite communauté religieuse. . 10,000

8° Entretien et habillement de trente orphelins pendant trois ans. 15,000

9° Rachat et entretien de vingt enfants esclaves. 10,000

10° Solde des colons pendant les trois premières années. 40,000

11° Solde de manœuvres indigènes pendant les trois premières années. . . . 10,000

12° Comestibles nécessaires pendant la seconde et la troisième année que la ferme ne produirait pas encore. 10,000

13° Frais imprévus 10,000

Total des dépenses. . 250,000 fr.

Ainsi, c'est à la somme de 250,000 francs que s'élèvent tous les frais d'un grand établissement agricole de vingt-cinq familles et de cinquante orphe lins , *jusqu'à ce qu'il soit en grand rapport* ; cette somme est un peu élevée, j'en conviens ; mais en agriculture, aussi bien que dans toutes les autres exploitations, si les moyens ne sont pas proportionnés à la grandeur et à la difficulté de l'entreprise , les résultats sont ruineux. Mais quelque élevée que soit cette somme, ce mode de colonisation coûtera cependant bien moins à la France que le système qu'on suit actuellement, et même que le système des colonies militaires de M. le gouverneur général. Il ne me sera pas difficile de prouver ce que j'avance.

Dans le système suivi jusqu'ici pour la fondation des villages, le gouvernement dépense ordinairement de 50 à 80,000 francs pour le fossé d'enceinte, les tours de défense, la fontaine, les lavoirs, la maison d'école ; et quand il y bâtit une mairie, une gendarmerie , une église et un presbytère comme à Drariah à Dély-Ibrahim et à Douèra, les dépenses s'élèvent jusqu'à 150, 200, et même 300,000 francs ; il donne en outre à chaque colon en matériaux de construction, en semences, en instruments aratoires et en bestiaux , une somme de 1,200 francs au moins, en sorte qu'il dépense pour chaque famille une somme de 5 à 4,000 francs. Et quels en sont les résultats ? ils sont presque nuls. M. le gouverneur général compte également faire une dépense de 5 à 4,000 francs pour un militaire colon ; car il demande une somme de 3 à 400 millions pour implanter en Afrique 100,000 colons.

Mais ces énormes dépenses seraient des dépenses improductives, qui ne rentreraient plus dans le trésor. Dans le système des villages civils, c'est bien pis, puisqu'ils nécessitent pendant de longues années, sinon pour toujours, le maintien d'une armée de près de 100,000 hommes (1), qui coûtera chaque année 100,000,000 francs. Et qu'on ne fasse pas sonner bien haut l'impôt que pourront bientôt payer ces colons ; non-seulement ils n'en pourront point payer d'ici à bien longtemps, mais le gouvernement doit s'estimer heureux s'il n'est pas obligé de venir à leur secours.

Le mode de colonisation que je propose ne coûtera à la France qu'une simple avance de fonds, qui rentreront sûrement au trésor, et qui porteront un intérêt de 4 pour 100 dès la première année, mais qui ne sera touché qu'à la fin de la troisième. Avant de développer cette assertion, je vais exposer brièvement quels seront, à peu près, les produits de l'établissement pendant les trois premières années d'abord, puis dans les années qui suivront.

Afin de ne pas laisser le moindre doute sur les chiffres que je vais établir, je me permettrai de rappeler que l'établissement est composé de vingt-cinq familles, d'une cinquantaine d'enfants orphelins, d'un certain nombre de manœuvres indigènes, d'une direction de cinq personnes, et d'une petite communauté de religieuses ; que le terrain de la ferme est de 1,000 hectares ; qu'il y a un matériel d'exploitation comprenant vingt

(1) C'est l'opinion de M. le général de Lamoricière.

paires de bœufs, vingt-cinq chevaux, une cinquantaine de vaches, mille brebis, etc. Les résultats d'un pareil établissement, s'il est composé de personnes honnêtes et laborieuses, s'il se trouve à la tête une direction bien dévouée, énergique et intelligente, doivent être certainement considérables. Afin de ne pas nous tromper, nous ne prendrons plus pour base le maximum, comme nous l'avons fait pour les dépenses, pas même le terme moyen, mais nous établirons nos calculs sur le minimum des produits à espérer.

Je suppose donc que la première année soit nulle, qu'elle ne produise que ce qui est nécessaire pour le pain et les semences de l'année suivante. Je suppose que la seconde année nous ne puissions, avec vingt paires de bœufs et vingt-cinq chevaux, ou une vingtaine de bons attelages, ensemencer que cent cinquante hectares ; je suppose encore que nous ne récoltions que huit pour un ; cela fera, en mettant deux hectolitres par hectare, deux mille quatre cents hectolitres, dont je retranche mille deux cents pour le pain et la semence de la troisième année. Je suppose enfin que la troisième année, nous ne puissions ensemencer que trois cents hectares ; en prenant de nouveau huit pour un, nous aurons quatre mille huit cents hectolitres, dont nous retrancherons de nouveau mille quatre cents hectolitres pour la semence et la consommation de l'année suivante, il nous en restera donc trois mille quatre cents hectolitres ; en y ajoutant les mille deux cents de la seconde année, nous aurons en tout quatre mille six cents hectoli-

tres pour les trois premières années, qui, à raison de 16 fr.
l'hectolitre, donneront une somme de 75,600 francs.
Jusqu'ici nous n'avons qu'un côté de la production ;
nous supputerons maintenant celle des troupeaux.

Cette production est très-lucrative en Afrique. Depuis quinze ans, les colons qui ont pu mettre des capitaux dans les troupeaux, les ont presque doublés chaque
année ; cela provient de ce que, au mois d'août et de sep-
tembre, les bestiaux sont à très-bon marché, et que trois
ou quatre mois plus tard, ils ont une valeur double et
presque triple. Ainsi on achète, à la fin de l'été, une brebis 7 ou 8 francs, et au mois de janvier et de février,
cette même brebis vaut 18 à 20 francs ; pareille augmentation a lieu pour les bœufs et les vaches, et il en sera
de même, tant que la reproduction de ces animaux ne
sera pas plus soignée.

Mais je suppose de nouveau que nous ne soyons pas
aussi heureux, sous ce rapport, qu'on l'a été généralement
jusqu'à présent, et que nos troupeaux, pour lesquels nous
avons dépensé une quarantaine de mille francs, ne produi-
sent, outre ce qui est nécessaire pour la consommation de
l'établissement pendant la seconde et la troisième année,
que 10,000 francs par an (nos brebis seules pourront facilement nous donner cette somme) ; cela fera pour les trois
premières années 30,000 fr., qui, joints aux 73,000 fr.
portés ci-dessus, donneront un total de 103,600 fr.
Je me permettrai de rappeler que je n'ai pris, pour
base de mes calculs, que la culture des céréales qui rap-
portent le moins ; mais, quoique nous nous fassions un

devoir de nous occuper principalement de cette culture, pour les raisons que j'ai exposées plus haut, cela ne nous empêchera pas de planter et d'ensemencer quelques hectares de tabacs fins, de lin, de chanvre, de pavots somnifères, etc., etc., dont le rapport est quadruple et même sextuple de celui des céréales, et qui nous mettront à même de couvrir les déficit qu'une mauvaise année pour les céréales pourrait nous laisser.

Voici comment, à la fin de la troisième année, se fera le partage des bénéfices de la ferme. D'abord, le gouvernement prélèvera un intérêt de 4 p. 100 du capital de fondation, ce qui, pour un an, fait 10,000 fr., et 50,000 francs pour les trois années. Le reste, dont on fera trois parts, sera déclaré *produit net*. La première sera répartie entre les colons, proportionnellement au travail de chacun d'eux. La seconde reviendra à la direction et à l'administration de l'établissement, et la troisième sera réservée pour payer la solde des colons pendant la quatrième année.

Ce même partage se fera à la fin de la quatrième et de la cinquième année ; l'excédant qu'il y aura dans la troisième part, réservée à la solde des colons, sera employé pour améliorer et augmenter les troupeaux et le matériel d'exploitation qui doivent être au moins doublés dans la suite. Mais, à la fin de la sixième année, comme la somme des bénéfices doit avoir augmenté en proportion de l'augmentation et surtout de l'amélioration des cultures et des troupeaux, on prélèvera, outre l'intérêt de 4 p. 100 du capital de fondation, la solde des colons pour l'année suivante, et alors la troisième part dans les bénéfices nets sera touchée par le gouvernement comme un à-compte d'amortissement de ce même capital : et cela jusqu'à son extinction totale. Après quoi, il ne continuera pas moins à toucher, chaque année, la troisième part du bénéfice, aussi longtemps que subsistera l'établissement.

Il est donc hors de doute que ce mode de colonisation, loin d'être onéreux au gouvernement, lui offre au contraire de grands avantages, puisqu'au bout d'un petit nombre d'années, il sera rentré dans tous ses déboursés, pour lesquels il aura touché un intérêt de 4 p. 100, courant dès la première année; et qu'ensuite il entrera pour toujours dans le partage des bénéfices, qui pendant bien des années deviendront de plus en plus considérables.

On m'observera peut-être que je porte un peu haut le chiffre des produits des trois premières années. J'ai souvent réfléchi sur ce point important, non pas dans mon cabinet, mais dans les champs que j'ai fait défricher et cultiver moi-même et dans mes excursions agronomiques chez les cultivateurs français et arabes, et je suis bien persuadé que je n'ai donné que le minimum des produits à espérer. Il ne faut point comparer les résultats d'une exploitation agricole faite par voie d'association, comme je le propose, avec les résultats d'une exploitation agricole privée, où il y a souvent des personnes qui portent peu d'intérêt à la prospérité de l'établissement, et où, quelquefois, les chefs ont plus d'idées théoriques en agriculture que de connaissances pratiques. Je veux cependant supposer que, sur le total des produits des trois premières années, je me trompe de dix, ou de vingt et même de trente mille francs ; qu'en résulterait-il? Que les colons et les directeurs de l'établissement, au lieu de participer à un bénéfice de cinquante mille francs, ne pourraient se partager entre eux qu'une somme de vingt à trente mille francs ; mais n'oublions pas que cette dernière somme est presque toute *bénéfice net,* que le colon a déjà été soldé pour tous ses travaux, et que le gouvernement a également prélevé un intérêt de 4 p. 100 de toutes ses avances. Dans ce cas, il resterait néanmoins une somme de plus de douze mille francs pour la soldé des colons pendant la quatrième année.

On m'a conseillé de demander que le gouvernement avançât les fonds nécessaires, sans intérêts pendant trois ans, comme il l'a fait à l'égard des trappistes et de plusieurs établissements privés ; je n'ai pas voulu suivre ce conseil, parce que je suis convaincu que les fermes pourront facilement payer un intérêt de 4 p. 100 : si cependant le gouvernement voulait faire cette générosité, je m'y opposerais d'autant moins, qu'il ne manquerait pas de bonnes raisons pour en agir ainsi ; puisque les fermes que je propose d'établir s'occuperont spécialement de la production des denrées de première nécessité, denrées que le gouvernement doit tirer du sol algérien même, à tout prix et par des cultivateurs français.

Il est facile de démontrer que, dans ce système, les difficultés qui s'opposent à la colonisation civile non organisée, et à la colonisation militaire même, disparaissent toutes, ou sont au moins bien diminuées. Ainsi le colon pourra gagner, en peu d'années, les capitaux qui lui sont nécessaires pour se créer un établissement, et de cette manière, il saura aussi mieux les apprécier ; car l'homme n'apprécie ordinairement à sa juste valeur que ce qu'il a gagné à la sueur de son front. Il acquerra aussi les connaissances agricoles raisonnées et pratiques qui sont indispensables pour prospérer en Afrique, et, avant tout, pour n'être pas exposé à tenter des expériences ruineuses. Ces avantages, il ne les aura pas achetés au prix de sa liberté ou de sa santé, puisqu'il se sera associé et soumis volontairement à un régime d'ordre et d'hygiène convenables à sa nouvelle position, et que d'ailleurs il aura toujours été entouré de tous les soins de l'art et de la charité.

Si, malgré toutes nos précautions et tous nos soins, quelque colon venait à succomber, il aura du moins, en mourant, la consolation que ses enfants ne seront point abandonnés, mais qu'ils continueront à demeurer dans l'établissement, et qu'ils seront associés à tous les bénéfices de la ferme, aussitôt qu'ils auront atteint l'âge fixé par le règlement.

Enfin, l'organisation de l'établissement le garantira également contre tous les dangers extérieurs, auxquels sont et seront pendant longtemps exposés les colons individuels au milieu d'une population hostile.

Cette sécurité, dont jouiront nos fermes, sera le résultat de leur organisation, et de la disposition bien combinée des unes vis-à-vis des autres ; car il est bien entendu que ces établissements de vingt-cinq familles seulement ne seront pas jetés à de grandes distances les uns des autres, mais qu'ils seront disposés par groupes de six, huit, dix, et même davantage, selon l'exigence et l'importance des lieux, afin qu'en cas de guerre, ils puissent se soutenir et se secourir mutuellement. Nous prendrons ces mesures de précaution, ainsi que toutes les autres qu'on jugera convenables, non pas tant parce que nous les croyons réellement nécessaires, mais parce qu'elles seconderont et appuieront beaucoup les moyens par lesquels nous espérons gagner les indigènes et les rallier définitivement à notre civilisation. Il faut qu'ils aient la conscience que nous sommes, en tout temps, en mesure de leur faire du mal, et que si nous ne le faisons pas, mais qu'au contraire nous leur fassions du bien, ce n'est pas par une politique rusée et intéressée, mais par générosité naturelle, et par une conviction intime et religieuse qui nous défend l'un et nous commande l'autre.

Pour bien faire comprendre les moyens propres à gagner les Arabes, il est nécessaire de faire les observations suivantes. Les indigènes, je parle de ceux qui vivent dans les campagnes, sont généralement très-pauvres; il s'en faut qu'ils aient tous les jours du pain à manger, et ils ne connaissent guère les pommes de terre; des soupes de grosses fèves sèches ou de pois secs, avec un peu de mauvaise huile, telle est leur principale nourriture. La plupart d'entre eux, il est vrai, ont des vaches; mais la vache arabe donne peu de lait : deux litres

tout au plus, quand elle a fait son veau ; dès qu'on lui
retire son veau, elle n'en donne plus du tout. Ils sont
encore plus mal logés qu'ils ne sont mal nourris. Leurs
huttes, appelées *gourbis*, sont très-basses, très-sombres
et très-malpropres; la terre, couverte de quelques mauvaises herbes ou d'un mauvais *haïk*, leur sert de cou-
cher, en hiver comme en été, quand ils sont malades,
comme quand ils se portent bien. Leur habillement
est digne du logement ; une ou deux chemises en toile
de coton, qu'ils ne changent que quand elles sont usées,
sont pour eux une richesse. On en a vu qui ont assas-
siné des colons, et même leurs compatriotes, uniquement
pour s'emparer de leur linge. Quelques-uns seulement
font usage, quand ils sortent, d'une espèce de souliers
qui ne les garantissent guère contre l'humidité du sol ;
quant aux bas, ils n'en ont aucune connaissance. Cette
pénurie dans la nourriture, dans le logement et dans
les habits, est pour eux, surtout pour ceux qui ont une
constitution faible, comme les femmes et les enfants,
une source d'infirmités et de maladies, et principalement de maladies de la peau.

La première chose donc que nous ferons dans tous
nos établissements qui auront des Arabes dans leur
voisinage, ce sera d'ouvrir pour eux une salle de pansement, où ils pourront venir tous les jours se faire
soigner et recevoir gratis tous les secours médicaux
nécessaires ; nous tiendrons également une infirmerie
où seront reçus ceux d'entre eux qui ne pourraient pas
revenir tous les jours à l'établissement, soit à cause de

leur éloignement, soit à cause de la gravité de leur état.

C'est ce que j'ai fait en 1859 et 1840 à Constantine, conjointement avec M. Suchet, grand vicaire d'Alger, et en peu de temps notre infirmerie, qui comptait quinze à vingt lits, était remplie de malades. La salle du pansement et des consultations ne désemplissait pas, de huit heures du matin jusqu'à midi. Il y avait des malades de tout âge, de tout sexe, de toute condition et de toute race. Souvent il en venait sur des mulets ou des chameaux, de deux ou trois journées de distance, et quand nous ne pouvions pas leur donner de lit à l'infirmerie, ils logeaient en ville chez des parents ou des amis, et se présentaient tous les jours (quand leur état le permettait), à la salle des pansements, jusqu'à ce qu'ils fussent guéris; quand la maladie était trop grave, on allait les visiter à domicile. Ce qui faisait toujours sur eux le plus d'impression, c'était de se voir pansés, traités et guéris par des femmes instruites et *maraboutahs*, comme ils les appellent, tandis que chez eux la femme ne sait que faire la cuisine et tourner la meule.

D'un autre côté, nous aurons dans nos fermes, pendant toute l'année, un certain nombre d'indigènes, Arabes ou Kabyles, qui travailleront soit à la journée, soit au mois. Par là, ils apprendront à nous connaître ainsi que nos méthodes de culture, et ils gagneront en même temps un petit pécule pour venir au secours de leurs familles si pauvres. Quelques récompenses, comme des instruments aratoires, des ustensiles de ménage, du linge blanc pour eux et pour leurs parents, seront, à certaines époques, distribuées à ceux d'entre eux qui se seront le plus distingués par leur conduite et leur travail.

Ensuite, par nos cultures variées et soignées, par nos superbes troupeaux, nous ferons voir à tous nos voisins combien la nature est féconde et puissante, lorsqu'elle est bien secondée par le génie et le travail de l'homme, et combien la science et l'intelligence l'emportent sur l'ignorance et la routine.

Lorsqu'ils désireront avoir des récoltes et des troupeaux comme les nôtres, nous leur donnerons de nos semences légumineuses et fourragères, nous leur enseignerons à ensemencer des champs de betteraves, de carottes, de patates, etc., à créer des prés artificiels, et à améliorer les naturels ; à couper les foins, les sécher, et les mettre en meule ; nous leur apprendrons à apprécier les engrais, à les recueillir soigneusement et à en faire usage. Nous les aiderons aussi, et par nos conseils et par nos moyens d'exécution, à se construire des habitations plus saines, plus commodes et plus dignes de l'homme. Nous pourrons également faire avec eux des échanges de bestiaux, qui leur seront très-avantageux. Sans doute tous ces avantages, ils les regarderaient comme de la boue, s'ils ne pouvaient y parvenir qu'au prix de ce qu'il y a de plus précieux et de plus intime pour l'homme, je veux parler des sentiments religieux. Mais il n'en sera pas ainsi, et de même que nous leur donnerons toujours l'exemple du travail, de la tolérance et de la charité chrétienne, de même aussi nous leur donnerons toujours l'exemple d'une vie profondément religieuse. Par là nous arrache-rons à Abd-el-Kader et à ses émissaires le grand levier avec lequel ils ont jusqu'ici remué ces populations, c'est-à-dire, l'impiété des Français.

Ce qui a rendu la puissance de ce marabout indestruc-tible, c'est le principe spirituel, qui lui sert de base et auquel on n'a opposé jusqu'ici que la force matérielle ; mais les baïonnettes et les canons ne peuvent rien con-tre ce principe. Pour le combattre victorieusement, il faut lui opposer un principe également spirituel, mais su-périeur. Or nous l'avons ce principe divin ; c'est celui qui, après trois cents ans de combats, terrassa et mit à ses genoux les vainqueurs de l'univers, qui a triomphé depuis dix-huit cents ans des ténèbres de la barbarie et des sophismes d'une orgueilleuse philosophie. C'est notre sainte religion qui a civilisé le monde et qui avait fait du peuple français le peuple le plus grand et le plus puissant de l'univers. Contre cette puissance, Abd-el-Ka-der ne se maintiendra pas longtemps, car elle l'emporte autant sur l'islamisme que la lumière l'emporte sur les ténèbres, l'astre du jour sur l'astre de la nuit, la vérité sur l'erreur.

On comprend bien que je ne veux cependant pas dire par là qu'il faille faire violence à ces peuples et les forcer à embrasser notre religion, comme le firent les Arabes à l'égard des chrétiens lorsqu'ils envahirent ces contrées. La politique pourrait nous le conseiller, comme elle le conseille aujourd'hui au persécuteur de la Pologne, comme elle le conseilla autrefois au grand politique, à Mahomet lui-même. Mais notre sainte religion, qui est une religion de paix, nous défend un pareil moyen ; elle ne veut pour disciples que *des hommes de bonne volonté*. Bien loin de les forcer à embrasser le christianisme, nous soumettrons au contraire à de fortes et sérieuses épreuves ceux qui nous en témoigneraient quelque désir ; nous en détournerons, nous en repousserons même tous ceux qui voudraient faire ce pas important, par d'autres motifs que celui d'une conviction réelle et sincère, ou dont la conduite et les mœurs ne seraient pas en rapport avec nos croyances. Mais ceux qui auraient déjà cette conviction, ou qui désireraient se faire instruire dans notre sainte religion, et dont les mœurs seraient irréprochables ; oh ! ceux-là, nous les accueillerons avec joie et transport ; nous leur communiquerons la parole de vie, et nous ne négligerons aucune peine ni aucun sacrifice, pour en faire de dignes membres de la grande famille chrétienne, où tous, pauvres et riches, grands et petits, savants et ignorants, Arabes et Français, Maures et Kabyles, sont frères en Jésus-Christ.

L'accomplissement de cette grande œuvre n'est pas l'affaire de quelques jours. Les peuples ne changent pas subitement leurs croyances, leurs mœurs et leurs habitudes ; le peuple arabe moins que tout autre. Je crois pourtant que l'organisation de nos fermes, qui a tant d'analogie avec la forme de leurs tribus, contribuera puissamment à accélérer cet heureux événement. Cette organisation leur servira comme de pont de passage, et il n'est guère douteux que la charité chrétienne leur

tendant la main, un grand nombre d'entre eux ne
franchissent l'abîme qui les sépare de nous.

Pour retirer l'Algérie de la position anormale dans
laquelle elle se trouve, position qui depuis quatre ans
a déjà deux fois failli nous attirer la guerre avec l'Angleterre, et qui, vu la grandeur de la tentation, nous l'at-
tirera infailliblement en peu d'années, si nous ne nous
hâtons, je crois que cent cinquante fermes suffiront : elles
devront être placées principalement autour des villes de
l'intérieur qui forment la seconde ligne d'occupation,
Guelma, Constantine, Sétif, Hamza, Médéah, Milianah,
Orléansville, Mascara, Tlemsan. Mais, pour la solution
complète du problème, et pour qu'on puisse sans
danger réduire l'armée d'occupation à trente mille
hommes, il n'en faudra pas moins de quatre cents.
En effet, d'après le minimum des produits établi plus
haut, chaque ferme placée dans une position avanta-
geuse, et montée comme il a été dit, pourra facilement
produire dans la seconde année douze cents hectolitres
de blé au delà de ses besoins, et trois mille quatre cents
dans la troisième année ; cela fait pour cent cinquante
établissements un total de cent quatre-vingt mille hectolitres de blé pour la seconde année et cinq cent dix
mille pour la troisième. Or, avec un pareil approvision-
nement, joint à nos nombreux troupeaux, on ne pourra
certainement plus nous prendre par la faim.

D'un autre côté, chaque établissement, étant composé
de vingt-cinq familles, de cinquante orphelins, et du
personnel de l'administration, donne une population de

deux cents âmes ; ce qui fait, pour quatre cents établissements, une population purement agricole de quatre-
vingt mille âmes ; c'est peut-être peu , si on s'arrête au
chiffre, et si on le compare à celui des colons militaires
proposé par M. le gouverneur général, ou à celui de la
population indigène , qui dans le Tell monte à un
million. Mais je répondrai, d'abord qu'une population
civile moins nombreuse, mais bien choisie, bien organisée , bien florissante , et qui produit beaucoup
au delà de ses besoins, nous sera bien plus utile en Afrique qu'une foule considérable de colons aventureux
et abandonnés à leur faiblesse individuelle, ou de soldats sans connaissances agricoles, qui ne feront que végéter, et dépériront bientôt. Je répondrai, en second lieu,
que si nous ne sommes pas, et si nous ne pouvons pas
être en trois années aussi nombreux que les indigènes,
nous serons beaucoup plus forts qu'eux par notre position , par notre organisation , par notre ascendant
moral, par l'union de tous les établissements entre eux
et par tous les moyens puissants que nous fourniront nos
progrès dans les arts et dans les sciences. Et je ne crains
pas d'avancer que, quand ces quatre cents fermes seront
fondées en Algérie, il ne faudra plus, quelque parti
qu'aient pris les indigènes, qu'ils se soient ralliés à
nous ou non, que dix mille hommes de troupes dans
chacune des trois provinces ; six mille cavaliers et quatre
mille fantassins, ce qui fera pour toute la colonie une
armée de trente mille hommes, c'est-à-dire, le tiers de
l'armée actuelle.

La construction de ces quatre cents fermes ne sera pas une chose aussi difficile qu'on pourrait le penser. Presque partout on trouve les matériaux sur les lieux, à l'exception du bois de construction ; mais celui-ci nous sera abondamment fourni par les navires de Trieste et de la Suède, à meilleur marché qu'on ne le trouve dans la plus grande partie de la France. Les belles maisons mauresques avec leurs appartements élevés, avec leurs galeries intérieures bien aérées et leurs terrasses, nous serviront de modèles. En employant la quatrième partie seulement des troupes qui se trouvent actuellement en Algérie, c'est-à-dire vingt mille hommes, on construira facilement cent cinquante fermes par an, et quatre cents dans trois ans.

Les soldats ne demanderont pas mieux, car ils jouiront d'une bien meilleure santé, en travaillant huit ou dix heures par jour, et en se reposant la nuit sous des tentes, qu'en ne faisant rien dans les casernes, ou qu'en parcourant le pays absolument dépouillé d'ombrage, par une chaleur de trente à quarante degrés, le fusil sur l'épaule, le sac sur le dos, et en passant les nuits fraîches à la belle étoile. Ensuite ils conserveront l'habitude du travail, qui doit les faire vivre, quand le temps du service sera expiré, et leur permettre de se faire un établissement soit en France, soit en Afrique.

On me demandera maintenant où l'on prendra les dix mille familles de colons pour peupler les quatre cents fermes en question. Avec une surabondance de population comme il y en a en France, et avec les avantages que l'établissement des fermes offre aux colons, ceux-ci ne seront pas difficiles à trouver. Mais il faudra bien se garder de les recevoir comme ils se présenteront. Parmi ceux qui sont venus jusqu'ici en Afrique, il y a eu toujours un bon nombre d'aubergistes ruinés, de tisserands dont le métier n'allait plus, et qui n'avaient jamais connu les travaux des champs; ou bien c'étaient quelquefois des laboureurs, mais qui avaient perdu presque tout leur avoir par le jeu, l'ivrognerie, ou par d'autres vices plus honteux encore. Or, des colons de cette trempe ne feraient pas prospérer nos fermes; il nous faut des hommes qui connaissent les rudes labeurs agricoles, et qui y soient accoutumés dès leur jeunesse; il nous faut des hommes moraux, qui non-seulement soient instruits de leurs devoirs envers Dieu, envers le prochain, envers eux-mêmes, mais qui aiment encore ces devoirs et les pratiquent en conscience et avec exactitude; ces hommes ne sont plus aussi nombreux dans notre patrie qu'ils l'étaient autrefois; mais gardons-nous de croire qu'ils soient aussi rares qu'on veut bien le dire. Toutes les provinces de France en renferment un grand nombre, et si les autorités civiles et religieuses veulent bien prêter leur concours, nous pourrons choisir partout des cultivateurs d'élite, des hommes moraux et laborieux. Ensuite nous éviterons (c'est ce qu'on n'a pas assez fait jusqu'ici) de réunir dans un même établissement, des gens qui sont entièrement étrangers les uns aux autres. Nos fermes seront toujours composées, du moins autant que cela sera possible, de colons, non-seulement du même département, mais aussi du même arrondissement, afin qu'ils ne fassent pour ainsi dire qu'une seule famille, ou du moins une tribu chrétienne. De cette manière les autorités locales ne voudraient pas et ne pourraient pas nous recommander des familles, uniquement dans la vue de s'en débarrasser. Il y aura parmi elles une noble émulation, et elles ne négligeront rien pour que les colons sortis de leur contrée leur fassent honneur. Peut-être y a-t-il des départements où, faute de surabondance de population ou d'esprit d'émigration, l'on ne trouvera pas un nombre suffisant de colons pour former autant de fermes qu'il s'y trouve d'arrondissements. Mais, par contre, d'autres départements, comme ceux de l'Alsace, de la Lorraine, de la Franche-Comté, en fourniraient bien assez pour faire presque autant d'établissements qu'ils renferment de cantons. Et je suis même convaincu que, si Votre Majesté et les chambres voulaient doubler le chiffre de quatre cents établissements, les colons n'y feraient certainement pas défaut.

Je ne veux cependant pas dire que, sur un simple appel et quelques articles provocateurs de journaux, des cultivateurs nombreux et sérieux s'arracheront tout de suite à leurs foyers pour aller se jeter, avec leurs familles, en Afrique.

Pour qu'un mouvement général dans notre population agricole ait lieu, il faut qu'elle ait des garanties sûres, et qu'elle soit bien convaincue qu'elle ne sera pas la dupe de quelques spéculateurs ou de quelques enthousiastes, mais qu'elle trouvera certainement dans la nouvelle patrie les avantages qu'on lui promet, logement commode, nourriture saine et abondante, salaire assuré, sécurité dans les travaux, soins assidus dans les maladies, instruction pour les enfants. Il faut surtout que les émigrants aient la certitude qu'il y aura, à la tête de chaque établissement, une administration capable, désintéressée, qui ne les exploitera pas, mais qui regardera cette œuvre comme une œuvre de civilisation et de patriotisme; en un mot, une administration qui se dévoue corps et âme à la prospérité des colons et à l'avenir de la colonie. Or, les hommes de cette trempe, qui doivent composer de pareilles administrations, sont rares, depuis que l'impiété et l'égoïsme ont exercé tant de ravages, flétri et desséché tant de cœurs; néanmoins il y en a encore plus qu'on ne le croit, qui n'ont pas fléchi le genou devant le veau d'or, et qui ont conservé dans leur cœur ces sentiments de foi et de dévouement qui ont animé leurs ancêtres; et un bon nombre de ceux qui se sont laissé égarer par des théories bizarres, plus brillantes que solides, ne tarderont pas à quitter le chemin de l'erreur, et à se rallier autour de cette croix qui a civilisé le monde. Les adhésions nombreuses qui me sont parvenues de toutes les parties de la France, lors de la publication de mon opuscule, intitulé : *Les Fermes du petit Atlas*, me rassurent pleinement sur ce point. Et je suis persuadé que le moment n'est pas éloigné où la France, qui depuis qu'elle est chrétienne a produit tant d'œuvres grandes et sublimes, pour faire triompher la civilisation et la liberté chrétiennes, verra surgir de son sein une nouvelle œuvre, qui aura pour but spécial la colonisation et la civilisation du nord de l'Afrique, et que cette œuvre ne sera pas indigne de celles qui l'ont précédée. Elle ouvrira une nouvelle ère au progrès moral, physique et intellectuel de l'humanité tout entière, et l'ordre public, la richesse nationale, l'agriculture, l'éducation populaire, les sciences, la religion, la civilisation, en retireront d'immenses avantages. L'idée de cette grande œuvre germe déjà dans un grand nombre de cœurs, et il ne faudra qu'un regard de Votre Majesté pour qu'elle se développe promptement, qu'elle fleurisse, et qu'elle porte en abondance les fruits les plus doux et les plus glorieux.

Ainsi, *Sire*, l'établissement des fermes, telles que je les propose, est le seul moyen d'implanter promptement et de faire prospérer en Afrique une population française; le seul moyen de mettre promptement l'équilibre entre cette population et les subsistances de première nécessité, et de mettre par là cette colonie à l'abri d'une catastrophe épouvantable; c'est encore le seul moyen de faire rentrer un jour la France dans les énormes dépenses que cette conquête lui a occasionnées; le seul moyen d'indemniser, autant du moins que cela est possible, les classes pauvres qui ont fourni les 100,000 hommes qui ont versé leur sang en Afrique. C'est enfin le seul moyen de rallier à nous et de gagner les indigènes, de nous les assimiler, de les associer franchement et noblement aux avantages, aux jouissances et aux droits des vainqueurs, et de faire par là de l'Algérie une partie intégrante de notre belle France. Si l'on suit une autre voie, il est bien à craindre que l'Algérie ne nous coûte encore cent mille colons, autant de soldats, un milliard, et que nous n'ayons d'autres résultats que celui d'avoir fait de ce beau pays un désert complet.

Puisse celui qui tient dans ses mains les cœurs des rois et des peuples inspirer à Votre Majesté les convictions qu'il a allumées si ardentes en moi ! Puisse-t-il les faire partager à tous les Français, afin que tous, législateurs et sujets, nobles et roturiers, prêtres et laïques, se lèvent comme un seul homme, comme le firent autrefois nos ancêtres, et que tous concourent à l'accomplissement de cette grande œuvre, qui doit aussi compter un jour parmi les œuvres de Dieu, faites par les Francs, *gesta Dei per Francos.*

Daignez agréer, *Sire*, l'hommage sincère du profond respect et du dévouement le plus complet, avec lequel j'ai l'honneur d'être,

DE VOTRE MAJESTÉ,

Le très-humble et très-fidèle serviteur,

Paris ce 15 novembre 1845.　　　J. M. LANDMANN,

Chanoine honoraire d'Alger, ancien curé
de Bougie, de Constantine et de Mustapha-Pacha.

MÉMOIRE

SUR

LA COLONISATION DE L'ALGÉRIE,

ADRESSÉ AU ROI AU COMMENCEMENT DE JUILLET 1842.

AU ROI.

Sire,

Quand *Votre Majesté* daigna m'accorder la faveur d'une audience, et écouter, avec bienveillance, mon projet sur la colonisation de l'Algérie, Elle voulut bien m'autoriser à Lui présenter, sous forme de mémoire, un développement plus étendu des idées que j'avais eu l'honneur de Lui exposer. C'est ce mémoire que je viens aujourd'hui déposer à ses pieds ; je La prie de l'accueillir avec cette bienveillance dont Elle m'a donné déjà des preuves si touchantes.

L'Algérie, *Sire*, est depuis près de douze ans un abîme pour la jeunesse et les trésors de la France. Déjà quatre à cinq cents millions et plus de soixante mille hommes s'y sont engloutis ! et, malgré de si grands et de si nobles sacrifices, notre domination n'y est point encore solidement établie. L'abîme s'agrandit au contraire chaque année d'une manière effrayante, et menace même d'engloutir ce que la France a de plus précieux, son honneur !

Toutefois, pourrait-on penser que la Providence, dont le gouvernement paternel protége si visiblement les glorieuses destinées de la France, lui ait donné ce pays pour qu'elle s'y perde? Non, *Sire,* je le crois, et c'est mon intime conviction, l'Algérie ne nous a été donnée que pour sauver la France, et pour sauver par elle et avec elle les principes éternels de justice, de liberté, de fraternité chrétienne, et de civilisation vraie ; et cette conviction, je l'ai acquise par de longs voyages dans une grande partie de l'Europe, par des études consciencieuses, par des méditations profondes sur la situation actuelle de la France, de l'Algérie et de tout l'Orient.

La France, *Sire,* grâce à la paix que Votre haute sagesse a su lui conserver, a fait depuis quelques années d'immenses progrès dans les arts et l'industrie. Il en est résulté de grands développements pour sa population, surtout pour sa population industrielle. D'une autre part, la marche plus progressive encore qu'a imprimée l'invention de la vapeur à tous les arts mécaniques vient tous les jours mettre sur le pavé, et laisser sans ressources, un nombre considérable d'infortunés. Alors des hommes dont la carrière a été rompue par les bouleversements politiques, ou dont le naturel turbulent est ennemi de l'ordre, profitent des embarras qui empêchent le gouvernement de s'occuper de cette population abandonnée, s'emparent d'elle, lui inspirent leurs principes destructeurs, l'aigrissent, l'excitent contre l'autorité, et se préparent ainsi en elle un instrument sûr et puissant de leur ambition ; de là ces conspirations fréquentes, ces soulèvements violents contre l'ordre public... Eh bien , il faut arracher ces malheureux à ces influences pernicieuses, il faut ouvrir aux uns de nouvelles carrières, et assurer aux autres des moyens d'honnête existence.

Ne semble-t-il pas que c'est pour aider la France dans cette œuvre nécessaire, que la Providence l'a rendue maîtresse du nord de l'Afrique? La fertilité de la plus grande partie de ce pays est prodigieuse; elle surpasse celle des meilleures provinces du territoire français. La seule Algérie peut nourrir jusqu'à dix millions d'habitants, et elle n'en compte guère plus d'un million !

Cependant, débarrasser la France du superflu de sa population, pour la déverser sur les côtes septentrionales de l'Afrique , n'est point une chose arbitraire et qu'on doive livrer au hasard. Les difficultés premières d'une pareille entreprise sont grandes et bien nombreuses. Le peuple, s'il est abandonné à ses propres forces, y succombera ; l'individu est trop faible pour en triompher.

Du reste, sous un rapport, c'est un bonheur; s'il en était autrement nous implanterions en Afrique l'immoralité, l'impiété et les idées anarchiques qui dévorent la France. Pour vaincre ces difficultés et parer à un si déplorable résultat, de grands moyens sont à prendre : réunir les forces individuelles des colons, les associer entre elles, établir une direction commune et intelligente, une action d'ensemble, et par conséquent une règle certaine, une discipline ferme et paternelle, voilà ce qu'exigent à la fois, du moins pour les premières années, et les intérêts matériels et les intérêts moraux et politiques.

On en sera convaincu, si l'on considère de quel avantage, de quelle nécessité sont ces mesures et pour le colon en particulier, et pour le gouvernement, et même pour les populations indigènes.

Sans une organisation puissante, tout à la fois civile et militaire, la colonisation de l'Afrique est impossible.

La condition première et essentielle pour le succès de la colonie, c'est la *sécurité*; elle doit être assurée au colon, non-seulement dans le village et dans la maison, mais encore et surtout dans son travail des champs. Or, comment songer à une securité complète, tant que les ouvriers travailleront épars? Il faut ensuite pourvoir à la santé. Le colon doit être soumis à un régime en harmonie avec le nouveau climat qu'il habite; les excès de boissons fortes doivent lui être impossibles, son travail doit être réglé; car sans cela, la paresse endormira les uns, la cupidité épuisera les autres. Le colon doit être dirigé dans les nouvelles cultures, pour ne pas l'exposer à des expériences ruineuses; en cas de maladie, il faut qu'il soit entouré de tous les soins de la médecine et de la charité; il faut aussi qu'il soit à l'abri de toute inquiétude sur le sort de sa femme et de ses enfants, s'il venait à mourir. Ainsi seront adoucies les tristes conséquences des malheurs qu'on n'aurait pu éviter.

Si l'on considère l'intérêt du gouvernement, il

n'exige pas moins ce système de colonisation. Il faut le dire, la position actuelle de notre colonie est des plus critiques : le pain qui la nourrit vient de la mer Noire ; la viande qu'elle consomme vient d'Espagne ; le vin qu'elle boit, les vêtements dont elle se couvre, toutes les munitions viennent de France ; les fourrages même des chevaux viennent d'Italie. On frémit à la pensée que, si une guerre venait à éclater entre la France et l'Angleterre, et que l'empire de la mer nous manquât, l'armée et les colons, c'est-à-dire cent cinquante mille hommes, seraient réduits à cette triste alternative de se constituer prisonniers ou de mourir de faim !

C'est donc une absolue nécessité, si nous voulons sauver la France d'une catastrophe si épouvantable, d'un déshonneur si accablant, d'introduire et d'organiser au plus tôt en Afrique un puissant élément de production, qui puisse fournir aux besoins les plus urgents de la colonie et de l'armée. Or, le colon abandonné à sa faiblesse et à son inexpérience, loin d'être un puissant élément de production, ne fera, pendant longtemps, que végéter misérablement et sera même à charge à la colonie. D'ailleurs, le gouvernement n'est pas à ignorer de quel poids l'Algérie est dans le budget de la France ; il importe qu'il puisse réduire bientôt le chiffre de l'armée d'occupation, portée à quatre-vingt-cinq mille hommes ; cette armée est une source d'énormes dépenses.

Toutefois, cela ne suffit pas. Non-seulement la France doit viser à se décharger d'un fardeau qui depuis

plus de douze ans grève son budget, elle doit songer
encore à redemander à l'Algérie tout ce qu'elle lui a
avancé jusqu'ici. Cela est possible avec l'organisation
de la colonie, telle que j'ai l'honneur de l'exposer.

Mais c'est surtout l'intérêt des populations indigènes
qui la réclame, cette organisation. L'établissement de
la domination française en Afrique ne peut être glorieux et durable qu'autant qu'on s'applique à gagner
et à rallier à nos idées ces peuples braves, nobles,
capables des plus grands sacrifices. Sans doute, les
obstacles qui entourent cette œuvre la rendent difficile,
mais ils ne la rendent pas impossible. Déjà j'en ai fait
l'expérience à Bougie, et ensuite sur une plus grande
échelle à Constantine.

Ni la persécution, ni la violence ne sont moyens à
employer pour réduire ces peuples. S'ils cèdent à la
force ce ne sera que pour un temps; tôt ou tard ils
briseront leurs fers, et leur révolte sera d'autant plus
terrible que l'explosion aura été plus longtemps et plus
fortement comprimée. Les bienfaits seuls peuvent nous
les attacher. Ces peuples sont généralement en proie à
la misère et accablés d'infirmités; qu'on leur ouvre, dans
nos établissements coloniaux qui seront dans leur voisinage, des dispensaires et des hôpitaux, où ils puissent
trouver chaque jour les secours de la médecine et de la
charité; que les plus indigents soient employés à nos
travaux agricoles, qu'on leur fasse connaître la fertilité
de leur sol et les moyens de le faire valoir; ainsi leur
sera assuré le pain dont ils manquent si souvent.

Mais toutes ces mesures si utiles, si nécessaires, ne sont possibles que sous l'influence d'une puissante association. Grande est la différence entre le caractère français et le caractère arabe : celui-ci grave, sérieux, sobre, profondément religieux; celui-là léger, badin, moqueur, enclin à l'intempérance, et souvent d'une indifférence religieuse systématique. Il n'est pas à croire que les Arabes fréquentent nos établissements coloniaux, s'ils y voient l'irréligion, l'immoralité, l'intempérance, et des gens tout prêts à les tourner en ridicule, à les vexer à cause de leur habillement, de leur langage, de leurs mœurs, de leurs habitudes, et surtout de leurs sentiments religieux. Mieux vaudrait à leurs yeux abandonner la cabane qui les a vus naître, la terre qui les a nourris, et fuir dans le désert jusqu'au moment où se présenterait une occasion favorable de recommencer la guerre et d'exterminer les blasphémateurs de Dieu. Ce qui s'est passé au commencement de cette guerre en 1840 justifie pleinement ce que j'avance ici.

Sire, le système que j'ai l'honneur de présenter à Votre Majesté n'est point le fruit de mon imagination; je puis le dire, c'est le fruit de mon expérience, de mes études les plus sérieuses, de mes attentives observations sur les lieux. Quelles que soient les difficultés de sa réalisation, jamais elles ne seront aussi grandes que celles du système de colonisation individuelle, et les avantages de part et d'autre ne sont pas à balancer.

Les circonstances se prêtent aujourd'hui d'une manière bien favorable, à l'exécution de cette grande œuvre. En Afrique, les musulmans, fatigués, épuisés par la guerre, veulent se soumettre et soupirent après la paix. Ils commencent à sentir, et déjà même ils le proclament hautement, que Dieu nous protége et qu'il veut notre domination dans leur pays. Quant à moi, je suis bien persuadé que, si la colonisation se fait d'après le système que j'ai présenté, peu d'années s'écouleront sans que notre exemple et nos bienfaits les aient gagnés, non-seulement à notre civilisation, mais encore à notre religion. En France, nous trouvons les meilleures dispositions à l'émigration. L'Alsace a envoyé, elle seule, des milliers de colons en Amérique depuis 1850, et presque tous les quinze jours, cinq cents Basques s'embarquent pour Montevideo.

Eh bien, c'est l'Afrique qui attirerait tous ces émigrants, si elle leur offrait la certitude d'un favorable avenir. Ils préféreraient sans doute un voyage beaucoup plus court, beaucoup moins dangereux, beaucoup moins dispendieux, et un pays qui ne leur ravirait pas, comme l'Amérique, leurs droits et leur qualité de Français.

Il n'y a pas moins de dispositions à l'émigration en Lorraine, en Franche-Comté, en Bourgogne, en Dauphiné, en Bretagne même, et dans plusieurs autres provinces. Presque tous les jours, des lettres d'adhésions et des offres à ce sujet m'arrivent de toutes ces parties de la France, et si notre patrie ne devait pas donner assez de colons, il en viendrait surabondamment des îles Baléares, des côtes d'Italie, de Malte, etc. Déjà plus de vingt mille hommes nous sont venus de ces pays, et en peu de temps on verrait ce nombre quadrupler. J'ai pris sur ce point des renseignements positifs, qui autorisent ma conviction et mes espérances. Cette fusion des peuples tendrait à créer entre le nouveau royaume d'Afrique, la France et ces différentes contrées, un lien de parenté qui ne pourrait que tourner à notre avantage dans une guerre générale.

Il n'est aujourd'hui aucune puissance qui veuille ou qui puisse s'opposer à notre établissement définitif en Afrique. Tous les Etats, grands et petits, qui entourent la France, mais surtout la Prusse et l'Autriche, doivent s'applaudir en voyant notre force d'expansion se diriger vers l'Afrique, puisque ainsi les bords du Rhin et ceux du Pô en sont garantis. Je sais bien que l'Angleterre nous envie l'Algérie, et ce n'est pas sans raison. Elle comprend qu'une fois notre domination bien assise dans ce pays, nous ne rencontrerons plus d'obstacles sérieux sur toute la côte septentrionale de l'Afrique, et que bientôt nous pourrons donner la main à l'Egypte et à la Syrie où il y a déjà tant de sympathies pour la France. Elle sait parfaitement que l'Egypte et la Syrie sont le chemin des Indes ; que c'est par là que passa le Macédonien pour aller avec trente à quarante mille hommes faire la conquête de la Perse et des Indes. L'Angleterre a donc raison de redouter notre domination en Algérie. Mais elle a beau faire ; la Providence nous y a placés, elle nous y maintiendra. C'est pour cela sans doute qu'elle a envoyé à cette fière rivale les guerres de l'Afganistan et de la Chine, et qu'elle la menace encore de celle des Etats-Unis et du Canada. En présence de pareils embarras, l'Angleterre ne peut pas s'opposer à la consolidation de notre puissance en Algérie. Mais prenons-y garde, nous n'avons plus de temps à perdre ; si nous attendons encore quelques années, elle nous en empêchera bien certainement ; mais jusque-là nous pouvons y implanter, si *Votre Majesté* le veut bien, plus de cent mille colons qui, non-seulement produiront abondamment pour l'entretien de la colonie et de l'armée, mais qui seront assez forts pour se défendre eux-mêmes, et se passer ainsi de la plus grande partie des forces militaires entretenues en Afrique. Dès lors plus de guerre en Europe qui nous soit redoutable : l'Algérie, loin d'être un embarras et une charge, sera un secours et un appui, et elle contribuera puissamment au triomphe définitif de la vérité et de la liberté chrétienne par la France.

Un homme que la France compte parmi ses gloires se demandait, il y a deux ans, à la vue de la royauté menacée de tant de dangers : » Qu'est-ce qui pourra « sauver la royauté ? Est-ce l'aristocratie ? mais elle l'a « déjà laissée tomber deux fois. Est-ce l'armée ? mais « elle n'a pas même pu sauver Napoléon. Qu'est-ce qui « la sauvera donc ? Ce sont les œuvres populaires ! » Mais quelles sont ces œuvres populaires ? M. de Lamartine ne les a pas indiquées. Eh bien ! la première de toutes ces œuvres populaires auxquelles est attaché le salut de la royauté, et, par suite, le salut même de la

France, c'est la colonisation de l'Algérie. Cette œuvre, conduite avec intelligence, avec prudence, avec dévouement surtout, sera la plus populaire qui fût depuis longtemps ; elle grandira de jour en jour, et pourra devenir une véritable croisade. Son effet sera, non la destruction et la barbarie, mais l'édification, mais la civilisation. En peu d'années, l'Afrique montrera un royaume français, grand, riche et puissant, qui déploiera sur la Méditerranée quatre fois plus de côtes que nous n'en avons maintenant. La France sera redevenue une des premières puissances du monde.

Telle est, *Sire*, l'œuvre magnifique et glorieuse pour laquelle la Providence vient de faire naître des circonstances si favorables. Les laisserons-nous échapper ?

Mais si la colonisation de l'Afrique promet à la royauté tant d'avantages et tant de gloire, que de malheurs ne lui présage-t-elle pas, si elle est négligée ! C'est parce que je les sens vivement ces malheurs, que je dois m'expliquer avec courage et avec franchise sur ce grave sujet. Si jamais la France succombe en Afrique, *et elle y succombera infailliblement; si avant quelques années nous n'y avons une nombreuse population qui produise suffisamment, non-seulement pour son propre entretien, mais encore pour celui de l'armée,* cette catastrophe retombera tout entière sur le gouvernement, et par conséquent sur la royauté, qui en est l'âme et la vie. Ce serait donc sur la royauté que retomberait la perte de six cents millions, peut-être d'un milliard !... Ce serait sur la royauté que retomberait le sang de cent mille Français!!! On frémit à cette pensée. Que deviendraient alors le repos et le bonheur du pays? Mais la protection visible de la Providence sur la France et sur son *Roi*, la haute sagesse et les profondes lumières dont *Votre Majesté* donne si souvent des preuves frappantes, doivent nous rassurer contre un avenir aussi sombre.

Non, *Sire*, Vous ne permettrez pas de semblables malheurs. Vous aurez pitié de la France qui, depuis douze ans, fait de si grands, de si nobles sacrifices pour le soutien de son honneur, et l'accomplissement de la mission civilisatrice que la Providence lui a imposée. Vous aurez pitié de nos nombreuses populations qui gémissent dans la misère, qui demandent du travail et du pain, et auxquelles on pourra créer une existence paisible et assurée, en les transplantant avec prudence et mesure sur les rivages fertiles de l'Algérie. Vous aurez pitié de notre armée, dont l'héroïque constance est depuis si longtemps éprouvée par des fatigues et des privations inouïes, et qui est décimée, chaque année, par la nostalgie et la misère, bien plus que par le fer et le feu de l'ennemi.

Vous aurez pitié, enfin, de ces malheureuses populations indigènes qui ne s'opposent avec tant d'énergie et tant d'opiniâtreté à notre domination qu'à cause de notre impiété et de notre immoralité, mais qui se soumettront lorsque des colons religieux et moraux leur présenteront de sûres garanties pour leurs mœurs et leurs sentiments religieux.

La royauté, *Sire*, s'est toujours inscrite en tête de ces grandes œuvres nationales qui ont eu pour but l'affranchissement et le bien-être des classes indigentes. C'est ainsi que Charlemagne couvrit de ces belles et nombreuses fermes ou villas les bords du Rhin, et presque toute l'Allemagne, assura par là une existence heureuse à des milliers de ses soldats et de ses sujets, et fit ainsi entrer ces contrées, jusqu'alors barbares, dans un mouvement prompt et sûr de progrès et de civilisation. C'est ainsi que saint Louis organisa, sur une vaste échelle, les corporations des métiers, et assura pour longtemps les progrès des arts et de l'industrie. C'est ainsi, *Sire*, que Vous organiserez la transplantation de la surabondance de notre population sur les rivages de l'Afrique. Par là, je le répète, Vous donnerez une existence heureuse à une multitude de pauvres familles françaises ; Vous retirerez de la misère et de l'abjection un grand nombre de malheureux enfants d'Ismaël ; Vous créerez en peu d'années un royaume vaste et florissant en Algérie ; Vous assurerez ainsi à Vos enfants des trônes dont ils sont vraiment dignes ; Vous consoliderez le repos et le bonheur de la France ; Vous augmenterez sa prospérité et sa puissance, et Vous la couvrirez, ainsi que Votre règne, d'une gloire immense et immortelle.

J'ai l'honneur d'être, etc., etc.

J. M. LANDMANN,

Chanoine honoraire d'Alger, ancien curé
de Bougie et de Constantine.

APPENDICE.

EXPOSÉ DU SYSTÈME DE M. LE GÉNÉRAL DE LAMORICIÈRE

ADRESSÉ A M. LE DUC D'ISLY,

Suivi de la Réponse du Maréchal.

NOTE.

Le caractère et les habitudes des tribus de l'Algérie, la nécessité de conserver une attitude respectable par rapport aux empires voisins, dont les sympathies politiques sont loin de nous être acquises, nous obligeront pour bien longtemps, sinon pour toujours, à maintenir dans la colonie une armée à peu près égale à celle qu'on a dû employer jusqu'ici dans la lutte.

Aujourd'hui que la guerre est sinon finie, au moins fort avancée, on se préoccupe avec raison des ressources que fournira le pays conquis pour payer cette armée. Nous ne voulons nous occuper ici que des moyens d'arriver à ce but, car nous croyons être dans le vrai en admettant que, pour une nation comme la France, la domination de l'Algérie est une affaire d'argent beaucoup plutôt qu'une question d'hommes.

La population indigène est clair-semée sur le sol (1).

---

(1) La population indigène du Tell (Arabes et Kabyles) de la province d'Oran, d'après les recensements faits en 1843 et 1844, et rectifiés en 1845, s'élève à 280,000 âmes en nombres ronds.

La superficie du Tell est de 2,400 lieues carrées. *Le nombre d'habitants par lieue carrée est de 115.* -

La population de la partie correspondante du Petit-Désert est de 104,000 habitants ; un peu plus de la moitié de cette population est insoumise.

La superficie du Petit-Désert est de 4,800 lieues carrées. *Le nombre d'habitants par lieue carrée est de 22.*

5

Elle travaille peu ; sa production et sa consommation sont *minimes*. Les impôts qu'elle nous payera, les revenus indirects qu'elle nous procurera, *n'auront jamais une grande importance*. Nous croyons que ce serait les estimer bien haut que de les évaluer *au dixième de nos dépenses* (1). C'est que la terre que nous avons conquise est inculte, malgré son admirable fertilité, parce que l'homme n'y a point accumulé de cap taux par son travail et par ses épreuves.

Campé sur son vaste héritage, il y a vécu au jour le jour, se bornant à lui demander *tantôt ici, tantôt là, un peu* de grain pour sa nourriture.

Vaincue, soumise, payant l'impôt, la population africaine ne peut fournir à l'entretien de l'armée ; mais heureusement, ainsi que nous l'avons dit, elle est clair-semée sur la terre, et il résulte des documents statistiques les mieux discutés, que le Tell algérien, en le supposant cultivé comme la France, pourrait nourrir une population cinq ou six fois plus considérable que celle qu'il possède aujourd'hui.

Le fait généralement admis permet d'espérer une solution à la question financière qui fait l'objet de cette note. Cette solution ne peut se trouver que dans l'établissement, sur le sol africain, d'une population européenne active, laborieuse, sachant tirer de la terre ce qu'elle peut produire, capable d'imposer aux indigènes par sa masse, et de payer l'armée qui doit défendre le drapeau de la France, nous devrions dire de l'Europe, au milieu des races musulmanes que l'habitude du désordre a depuis si longtemps plongées dans la barbarie.

La lenteur avec laquelle s'établit en Algérie la population coloniale, sur laquelle se fonde cependant l'espoir de l'avenir, préoccupe le gouvernement depuis le jour où la sécurité a été acquise dans nos campagnes aux Européens qui voulaient les habiter. Cette lenteur n'a rien d'extraordinaire au fond, surtout quand on considère combien il a fallu de temps pour peupler et défricher les terres incultes au sein même de la France.

(1) Le total des impôts payés par les Arabes du Tell de la province d'Oran en 1844 s'élève, en nombres ronds, à 800,000 fr., ce qui fait un peu moins de 5 fr. par tête. On estime que ce chiffre sera doublé à peu près en 1845, et qu'il pourra s'élever à 15 ou 1,600,000 fr. Des estimations faites avec soin conduisent à penser que les Turcs et l'émir n'ont jamais prélevé sur ce pays plus de 2,000,000 de fr. ou 2,500,000 fr. par an.

Nous avons dans cette province 25,000 hommes de troupes de toutes armes, et cet effectif n'est que suffisant.

La nécessité de libérer rapidement la mère patrie de la lourde charge que lui impose l'entretien de son armée en Algérie a fait concevoir l'idée d'amortir, pour ainsi dire, sa dette envers la colonie, par un sacrifice annuel destiné à subventionner la population européenne qui viendrait s'établir en Afrique. Ce principe une fois admis, il nous reste à rechercher la meilleure manière d'employer cette subvention annuelle pour arriver au but qu'on se propose.

Sans nous préoccuper ici des difficultés administratives, peut-être même des embarras politiques que l'on rencontre, si l'on n'y prend garde, lorsqu'on fait passer de vastes étendues de terrain des mains des détenteurs actuels entre celles des nouveaux venus, partons de ce fait, qu'aujourd'hui l'État possède, sans conteste, d'immenses espaces présentant tous les avantages résultant de la bonté des terres, de la facilité des communications, de la proximité des grands centres de population, et voyons quelle est la manière la plus utile d'employer une somme donnée pour hâter la venue des colons sur les terrains qu'on est en mesure de leur partager.

Les terres qui sont aujourd'hui disponibles sont fertiles, avons-nous dit, mais elles sont incultes ou très-incomplétement défrichées; il ne s'y trouve en général, ni habitations, ni clôtures, ni travaux d'irrigations, ni plantations. Pour qu'une population européenne s'y établisse, il faut faire là le même travail qui a été nécessaire dans ces vastes solitudes que renfermait la Bretagne, et que nous avons vues se peupler et se cultiver de nos jours.

Voici, en France, comment les choses se sont passées :

Le propriétaire du sol fournissait les capitaux nécessaires pour les grands travaux ; il élevait les bâtiments, creusait les puits, faisait tout ou partie des clôtures. Une fois, suivant l'expression du pays, qu'on avait *fondé un lieu*, le colon, fermier ou métayer, auquel on donnait d'ordinaire en cheptel le grain pour ses semences et une partie des animaux et instruments de labour, venait l'habiter avec son modeste capital, qui consistait en général en bestiaux et engins aratoires à ajouter à ceux que le propriétaire lui avait fournis, en menu bétail et en grains, pour vivre avec sa famille jusqu'à la récolte.

Les possesseurs de terres à défricher étaient en général ou de riches propriétaires riverains qui voulaient trouver un placement pour leurs avances, ou des capitalistes acquéreurs qui voulaient faire une spéculation.

Que nous manque-t-il en Afrique ? *Les capitaux nécessaires aux travaux de première installation que nous avons décrits.* Nous avons vu beaucoup de familles, venues à leurs frais ou transportées par les soins du gouvernement, qui avaient à leur disposition les avances nécessaires pour entrer comme fermiers ou métayers dans une exploitation fondée par un propriétaire, et qui, ne pouvant entreprendre elles-mêmes un travail au-dessus de leurs forces et de leurs ressources, sont tombées dans la misère, et sont allées redire à la France que le laboureur ne pouvait encore trouver à vivre en Algérie. Tant il est vrai que la population de la métropole s'est montrée plus aventureuse que ses capitaux ! Elle avait répondu à l'appel qui lui avait été fait, elle *avait eu confiance ;* mais *le capital lui avait fait défaut :* elle est restée dans l'impuissance. Aujourd'hui, c'est donc le capitaliste qu'il faut appeler ; la population qui l'avait devancé le suivra sans aucun doute. *Quand la confiance sera établie, les capitaux viendront d'eux-mêmes ;* mais pour hâter le jour où ils prendront cette direction, le seul moyen qui nous paraisse raisonnable et praticable, c'est de leur assurer une prime pendant les premières années, ainsi que le fait le gouvernement toutes les fois qu'il juge important d'engager une partie des capitaux de l'industrie particulière dans une entreprise nouvelle, dont les chances ne sont pas encore bien connues des spéculateurs.

Cette marche paraît incontestablement préférable à celle qui consisterait à employer directement les fonds de l'État et les agents dont il dispose pour réaliser les travaux qu'il s'agit d'entreprendre La rapidité des résultats sera évidemment proportionnelle aux capitaux employés, et, dans la méthode que nous proposons, l'État multipliera le travail fait, dans la proportion du capital à la prime d'encouragement qu'il conviendrait d'accorder.

Sous le rapport de l'exécution, les avantages ne sont pas moindres ; car au lieu de tout faire par lui-même avec une nuée d'agents salariés souvent incapables, quelquefois infidèles, l'État s'associe le travail et l'intelligence de tous les individus qui répondent à son appel et dont chacun aura un intérêt direct à surveiller l'emploi de ses propres deniers. Enfin, quand les premières installations seront terminées, il laisse encore à ce même et puissant mobile, l'intérêt particulier, le soin de bien choisir les colons auxquels seront confiées les exploitations à diriger.

En résumé, nous pensons que le meilleur moyen d'employer la subvention destinée par le gouvernement pour hâter l'établissement sur le sol africain d'une population européenne, c'est d'assurer une prime, un intérêt pendant les premières années, au capital dont l'emploi sera constaté sur le sol en travaux destinés à préparer la venue de la population qu'on veut attirer. Il est entendu que les dernières annuités qui devraient être perçues par le capitaliste ne lui seraient acquises que lorsque ses colons seraient établis. L'intérêt du capitaliste devenu propriétaire l'obligera à faire aux fermiers qu'il voudra appeler des conditions qu'ils puissent accepter.

L'introduction de l'action du gouvernement entre le propriétaire et le fermier, pour stipuler telles ou telles clauses à la charge de l'un ou de l'autre, multiplierait inutilement l'intervention administrative, et produirait certainement plus d'inconvénients que d'avantages. Les meilleures garanties que rencontrera le fermier se trouveront dans le bas prix et dans la fertilité de la terre inculte qu'il pourra coloniser à son tour, lorsqu'il aura réalisé quelques épargnes.

Mais pour donner aux relations existant entre les contractants toute la suite et la solidité désirables, il est une condition essentielle à introduire.

Pour appeler le capital sur la terre, il faut que du moment où il commencera à s'y établir, son propriétaire puisse hypothéquer ou aliéner le fonds sur lequel il a placé son argent. Nous voudrions donc qu'une ordonnance royale disposât que du moment où on a délivré une parcelle de terre à un particulier et qu'il a commencé des travaux, il pût aliéner et hypothéquer le sol qui lui est concédé, à la seule condition que l'acheteur ou celui au profit duquel l'hypothèque a été frappée, dans le cas où il se trouverait substitué aux droits du premier possesseur, fût tenu d'accepter toutes les charges et obligations de ce dernier.

Ce qui précède suffit pour faire comprendre notre pensée. Il nous reste à formuler en détail un projet qui puisse être immédiatement appliqué, et pour cela nous devons prendre des exemples ; car sur la vaste étendue de l'Algérie, les circonstances et les choses changent d'un point à un autre beaucoup plus que ne peuvent se le figurer les personnes qui n'ont pas longtemps habité ce pays.

Supposons qu'il s'agisse d'établir une population européenne dans

a banlieue d'Oran, sur la terre domaniale de Sidi-Châmi, située à
environ trois lieues de la ville, sur une route qui conduit à Mascara.
A peu près au centre de la propriété se trouvent des puits abondants,
fournissant une eau de bonne qualité que l'on rencontre à environ un
mètre au-dessous du niveau du sol. Les terres de Sidi-Châmi sont des
meilleures du pays.

Toutes les petites vallées présentent au printemps d'abondants
fourrages, les collines légèrement ondulées sont en partie couvertes
d'arbustes et de palmiers nains, l'orge et le blé peuvent venir facilement dans ce territoire; mais il est aujourd'hui bien reconnu qu'ayant
à surmonter la concurrence des Arabes auxquels l'espace, les bonnes
terres, les pâturages et le fumier ne manqueront pas de sitôt, ce n'est
pas sur la culture des céréales que le propriétaire et le fermier doivent
fonder leurs espérances de fortune.

A Sidi-Châmi, la nécessité d'établir les habitations dans le voisinage
de l'eau conduit naturellement à les grouper autour des puits. Nous
ferons donc un village dans cette localité. La prudence nous oblige
d'ailleurs à réunir les unes auprès des autres les maisons des colons
européens. L'administration ayant choisi l'emplacement du village et
et déterminé les lots à bâtir, la terre de labour sera partagée en par-
celles de 5, 10, 15, 20 ou 30 hectares. Les lots seraient concédés aux
postulants moyennant une rétribution minime représentant pour l'a-
venir un léger impôt, le concessionnaire prenant en outre l'engage-
ment de bâtir sur chaque lot une maison d'habitation et de mettre la
terre en valeur; nous donnerons une prime à la construction des bâtiments d'*habitation* et d'*exploitation*.

Vu la proximité d'Oran, il y a tout intérêt à favoriser le développement du jardinage; nous donnerons une prime *au forage des puits,
à la construction des norias et autres machines destinées à élever
l'eau pour les irrigations.*

Pour faciliter la culture et la perfectionner, il est nécessaire d'arracher les palmiers nains et les arbustes qui couvrent le sol; nous donnerons une prime au *défrichement.*

La production des céréales se fera tout naturellement pour nourrir
le laboureur qui récoltera au bout de l'année; il est donc inutile de
primer ce genre de culture.

L'avenir des environs d'Oran, partout où il n'y a pas possibilité
d'arroser naturellement, repose sur la culture de l'olivier et du mû-

rier. La plantation des arbres et leur éducation nécessitera la mise en terre d'un capital qui doit y rester longtemps sans produire d'intérêt; nous donnerons donc une prime aux *plantations*.

Ce qui éloigne aujourd'hui les capitaux de l'agriculture en Algérie, c'est, sans contredit, l'intérêt élevé qu'on trouve facilement dans d'autres entreprises. Afin de déterminer le mouvement que nous voulons imprimer, nous ferons d'abord des conditions très-avantageuses. L'intérêt de l'argent est ici légalement douze pour cent. Nous donnerons une prime de douze pour cent, la première année, au capital employé; huit pour cent, la seconde; cinq pour cent, la troisième. Total, vingt-cinq pour cent, ce qui, en définitive, aura fait dépenser par les bailleurs de fonds, en travaux de colonisation, une somme quadruple de celle que l'État aura employée pour les subventionner.

Les deux derniers termes ne seraient touchés qu'après l'établissement des colons sur les propriétés.

Nous avons la conviction qu'avec de pareils encouragements l'entreprise ne manquerait pas d'exploitants, et qu'il ne sera pas même nécessaire d'en accorder longtemps d'aussi avantageux, ce qui augmentera encore, dans une plus forte proportion, le rapport de la subvention accordée par l'État à la somme apportée par les particuliers.

Passons à la répartition des primes à distribuer? Elles sont de deux sortes : les unes affectées aux travaux qui rentrent dans la spécialité des ingénieurs, les autres à ceux qui sont du ressort de l'agriculture.

Une commission composée de l'ingénieur des ponts et chaussées, du chef du génie, de l'architecte des travaux coloniaux, établirait un devis pour chaque localité, portant estimation de chaque espèce de travail. Conformément à ce devis, et à une époque fixée administrativement, cette commission procéderait à l'estimation des travaux faits, et on payerait sur son estimation qui serait sans appel.

Pour les travaux agricoles, une commission composée de l'officier général commandant la subdivision, du sous-directeur de la pépinière, d'un membre de l'intendance, du président de la Société agricole, et du receveur des domaines, établirait dans la localité un tarif pour chaque genre de travail, tels que : défrichement de l'hectare de palmiers nains et maquis, divisé en plusieurs classes, suivant la manière dont le sol est complanté; plantation du cent de mûriers, plantation du cent d'oliviers, etc.

Cette commission procéderait comme il a été dit pour la précédente.

On conçoit aisément que les travaux de construction généralement
exécutés par le propriétaire, ou bailleur de fonds, donneront droit à
une prime touchée par lui.

Quant à la prime à laquelle donneront lieu les travaux agricoles,
elle sera touchée, soit par le propriétaire, soit par le fermier, suivant
que l'un ou l'autre aura fourni les fonds pour le travail nécessaire à
ces travaux.

On comprendra sans peine quelles seraient les modifications qu'on
devrait apporter aux dispositions qui précèdent, pour appliquer le
même système dans une autre localité. Dans les environs d'Oran, les
terres que l'État possède sont nombreuses, elles fournissent un vaste
champ à exploiter.

Les tribus qui nous entourent ne sont, en général, qu'usufruitières
du sol qu'elles occupent. Si l'on était amené à coloniser une partie de
leur territoire, l'État devrait se charger de procéder à leur déplace-
ment, de les indemniser s'il y avait lieu, et de partager ensuite la
terre aux Européens.

Cette manière de procéder a déjà été suivie en plusieurs circonstances ; elle présente des avantages qui ont été reconnus, et fournit
le moyen d'éviter les nombreux inconvénients qui se sont produits
lorsqu'on a laissé des acquéreurs isolés traiter directement avec les
indigènes,

Le lieutenant général,
JUCHAUT DE LAMORICIÈRE.

RÉPONSE.

Au bivouac sur l'Oued-el-Ardjen, le 30 mai 1845.

Mon cher général,

Je viens de lire votre note sur la colonisation ; c'est à peu près la
reproduction d'une conversation que j'eus l'année dernière avec vous
Je partage votre avis sur un grand nombre de points, et notammen

sur l'insuffisance de la population arabe ou kabyle pour payer l'armée que la France doit toujours entretenir en Algérie pour le maintien de la conquête et la protection de la colonisation européenne. Je crois que vous évaluez les revenus de la population arabe bien assez haut, en les portant au dixième de nos dépenses. Comme vous, je pense que l'unique moyen de résoudre la question financière et politique, c'est de créer en Algérie une grosse population européenne.

Mais vous voulez qu'elle impose aux Arabes par sa masse, et moi je veux qu'elle leur impose par sa masse et par son organisation. De là, dans mon système, la colonisation militaire dont vous ne parlez pas et qui ne paraît pas vous sourire.

Je diffère principalement avec vous dans la foi que vous avez dans les capitalistes pour créer cette masse de population qui doit être à la fois productive d'impôts et de force de domination. Votre système est ingénieux ; il séduira les hommes du monde, les hommes d'Etat qui n'ont pas profondément étudié la matière, et qui ne connaissent pas du tout, je devrais dire, les misères agricoles. Même avec les primes que vous proposez, les capitaux ne trouveront pas un intérêt suffisant dans la création que vous leur confiez, et ils ne s'y engageront qu'en très-faible quantité. Je vais plus loin : lors même qu'ils s'y engageraient sur une assez grande échelle, ils ne trouveraient qu'infiniment peu de familles de cultivateurs qui voulussent venir travailler sous eux comme colons partiaires, et certainement ils ne trouveraient en général que les plus mauvaises familles. La raison en est simple : les familles de colons partiaires ne manquent pas d'emploi en France à de bien meilleures conditions que celles que pourraient leur faire en Afrique les capitalistes. Les propriétaires, dans tous nos départements du centre et du midi, s'arrachent, par des moyens souvent peu honorables, les métayers de quelque valeur, et on leur fait des avantages considérables pour les obtenir.

On viendra donc peu en Afrique pour se faire métayer ; ce qui peut séduire, c'est d'être propriétaire : or, le capitaliste ne peut pas offrir ces conditions, car il détruirait les espérances mêmes sur lesquelles il a engagé ses capitaux. L'Etat seul peut faire des propriétaires et les installer : il doit le faire, parce qu'il y a un très-grand intérêt pour lui à avoir des propriétaires et non des colons partiaires, ou des cultivateurs mercenaires qui passeront sur le sol sans s'y fixer ; il doit le faire coûte que coûte, parce qu'il s'agit pour lui de se délivrer promptement d'un grand fardeau politique et financier qui, de très-longtemps, ne sera pas moindre que 80,000 hommes de son armée et 80 millions de son budget.

Selon moi, le moyen le meilleur, le plus rapide, le plus efficace, le plus économique même, en raison de sa promptitude de création et de la force supplétive de l'armée qu'il donnera, c'est la colonisation militaire.

J'ai la conviction que l'État trouvera autant de colons militaires qu'il voudra dans son armée d'Afrique et de France, en remplissant envers eux, pendant trois ans, le rôle que les propriétaires de France remplissent envers les colons partiaires : il en trouvera tant qu'il voudra, parce que nos soldats, presque tous prolétaires, seront séduits par l'attrait de la propriété et par tous les avantages qui, selon moi, doivent leur être faits pour qu'ils s'y installent et y vivent largement en travaillant.

Malgré notre divergence d'opinion sur quelques points essentiels, je crois qu'on doit essayer votre moyen dans la zone civile de la côte; mais n'y est-il pas déjà à l'état d'essai? Nous avons donné des primes à d'anciens propriétaires des environs d'Alger pour installer sur leur terrain un certain nombre de familles à qui ils donnent quelques hectares en toute propriété; nous accordons des primes du même genre à de grands concessionnaires que nous avons faits récemment : jusqu'ici ces essais ne présentent pas de grandes espérances, si ce n'est sur une seule propriété, où il y a un homme remarquable par son zèle, son activité et son intelligence; ailleurs, nous voyons les familles installées par les soins du propriétaire très-misérables et très-dégoûtées de leur sort. Nous pourrons juger définitivement ce moyen d'ici à un ou deux ans; mais lors même qu'il présenterait quelques résultats satisfaisants, ce ne sera qu'un verre d'eau dans la mer. Bien peu de capitalistes se voueront à cette œuvre, et, y en eût-il beaucoup, ils n'arriveraient que bien lentement au but : n'oublions pas que l'État attendrait le résultat de leurs efforts avec 80,000 hommes de son armée engagés en Afrique et 80 millions de dépenses annuelles; que, pendant tout ce temps d'attente, sa politique en Europe serait embarrassée de l'Algérie.

Aller vite est la condition principale, car elle est la plus éminemment politique. Or, pour moi, il n'y a qu'un moyen d'aller vite : c'est la colonisation militaire. L'armée d'Afrique peut installer 8,000 à 10,000 familles de nos soldats par année. Cette population sera infiniment plus forte que la population civile qui nous arrive et peut nous arriver ; elle sera toute composée d'hommes jeunes bien constitués, bien disciplinés. Or, il faut, pour jouer le rôle de peuple dominateur, une population d'un ordre supérieur, qui présente au peuple vaincu la force, la moralité, la bonne organisation, l'activité et l'intelligence dans le travail. Certes, nos soldats présenteront ces qualités-là à un bien plus haut degré que la population civile, que la population bariolée qui nous arrive, et qui renferme des vieillards et une foule de gens d'une profession entièrement étrangère à la terre.

Les sommes que le gouvernement consacrerait à cette colonisation créeraient en arrière de celle-ci une population civile proportionnelle à l'extension de la colonisation militaire. Supposons que l'Etat dépense 350 millions pour 100,000 familles de colons militaires. L'armée, qui exécutera les travaux d'installation, ne thésaurisera pas cette somme, qui entrera tous les jours dans le mouvement industriel et commercial de la colonisation installée ou à installer dans la zone de la côte ; et cela n'est pas chimérique, c'est un fait qui frappe depuis quinze ans les yeux un peu clairvoyants : n'est-ce pas le budget de l'armée qui a créé tout ce qu'on voit en Algérie de colonisation, commerce, industrie ? Ce n'est que depuis deux ans et demi environ qu'il y a un commerce inhérent au pays et en dehors des consommations de l'armée.

Je reviens à votre système d'intérêts pour les capitaux employés à l'installation des familles de colons : vous donnez la première année 12 p. 100, la seconde 8 p. 100, la troisième 5 p. 100. Je suppose qu'après ces trois ans, vous ne donnez plus rien : ainsi celui qui aura employé 100,000 fr. aura reçu en trois ans 25,000 fr, c'est-à-dire, le quart de son déboursé ; mais qu'aura-t-il dans l'avenir pour les 75,000 fr. qui resteront engagés sur le sol ? Vous me répondrez sans doute : une partie des fonds que lui donneront ses colons partiaires. Hé bien, mon cher général, c'est là qu'est la difficulté. Moi qui suis un vieil agronome, je soutiens que ce n'est pas au bout de trois ans d'une agriculture naissante que le colon partiaire pourra vivre en donnant la moitié des fruits au propriétaire, et que cette moitié ne payera pas l'intérêt du capital de 10 p. 100, ce qui est le plus minime intérêt que les capitaux aient jusqu'ici trouvé en Algérie.

Cet avenir n'est pas bien séduisant pour les capitalistes, surtout quand on songe aux travaux, aux embarras de toute nature qu'en-

traînent la création des villages, le choix des familles, leur installation, etc., etc.

Plus je creuse cette grande question, plus je suis convaincu qu'il n'y a qu'un seul capitaliste qui puisse exécuter l'œuvre sur l'échelle qui convient aux intérêts politiques et financiers de la France, car lui seul a des capitaux dont il n'a pas besoin de demander l'amortissement et l'intérêt. Ce capitaliste, c'est l'État, c'est-à-dire, tous les contribuables de France, qui créeront l'œuvre d'Afrique comme ils créent tous les grands travaux publics, comme ils rétribuent l'administration, la justice, la force publique... En un mot, l'Afrique est une œuvre nationale qui ne peut être menée à bonne issue que par les efforts de la nation tout entière, qui a voulu la fin, et qui doit vouloir les moyens de se débarrasser du fardeau qu'elle s'est donné.

Le maréchal duc D'ISLY.

SYSTÈME DE M. LE MARÉCHAL BUGEAUD.

Projet d'organisation des colonies militaires.

TITRE Ier.

DES AVANTAGES FAITS AUX COLONS.

1° Les sous-officiers et soldats qui seront choisis pour la colonisation militaire recevront un congé de six mois pour aller se marier. Eux et leurs femmes jouiront de l'indemnité de route pour aller et revenir. Leurs effets et leur mobilier seront transportés aux frais de l'État.

2° Pendant leur absence, leurs camarades de l'armée active travailleront à la construction des villages qui doivent les recevoir, et commenceront la culture.

3° L'État se charge de tous les frais de construction et d'installation. Il fournira tous les matériaux qui ne peuvent pas être trouvés ou fabriqués sur les lieux, le colon ne fournira que son travail quand il sera rentré avec sa femme.

L'État donne à chaque famille une paire de bœufs de labour, une paire de vaches, dix brebis, une truie, une charrette, deux charrues et les menus outils aratoires.

4° Les colons militaires recevront les vivres, la solde, l'habillement, l'équipement et toutes les prestations de l'infanterie pendant trois ans.

Pendant le même espace de temps, leurs femmes jouiront des vivres de campagne.

5° Chaque colon recevra, en un ou plusieurs lots, dix hectares de terres cultivables, dont il sera propriétaire incommutable, dès qu'il sera marié et installé sur la propriété.

6° Les officiers jugés nécessaires pour le commencement et l'administration générale de la compagnie recevront des terres dans la proportion suivante :

Colonel et lieutenant-colonel, cinq parts ou cinquante hectares ;

Chef de bataillon, quatre parts ;

Capitaine, trois parts ;

Lieutenant et sous-lieutenant, deux parts.

Leurs maisons d'habitation seront construites aux frais de l'État et par les mêmes moyens que celles des soldats. Ils ne recevront aucune indemnité pour ameublement ou mobilier de culture.

7° Les colons recevront gratuitement les arbres à planter et les semences de toute nature, celles-ci pour la première fois seulement.

8° Il pourra leur être fait une avance de 400 fr., en mobilier indispensable ; ils seront tenus de la rembourser en argent ou en nature sur les produits de leur récolte pendant les trois ans.

9° Au bout de trois ans, leur habillement, leur armement, leur équipement deviendront leur propriété. Ils seront chargés d'entretenir leur armement et leur équipement à leurs frais.

10° Les colons sont autorisés à ramener avec eux quelques individus de leur famille ; s'ils reviennent seulement avec leur femme, ils seront associés pour la culture, avec un camarade, à leur choix réciproque et sympathique.

11° Après les trois ans, les colons n'auront plus droit, ni à la solde, ni aux vivres, ni à aucune prestation ; trois ans suffiront pour fonder leur existence future.

12° Deux ans après l'établissement du régime civil, les colons pourront vendre ou aliéner leurs propriétés.

TITRE II.

DES OBLIGATIONS IMPOSÉES AUX COLONS EN ÉCHANGE DES AVANTAGES QUI LEUR SONT FAITS.

1° Les sous-officiers et soldats, pour être admis comme colons militaires, doivent être au moins depuis deux ans sous les drapeaux, et avoir au moins trois ans de service à faire ; ils doivent avoir tenu dans le corps une bonne conduite.

2° Les officiers doivent avoir au moins 25 ans de service.

3° Pendant toute la durée de leur service, les colons militaires seront soumis à la discipline militaire. Dès qu'ils seront libérés, ils rentreront sous le régime civil.

Toutefois, comme ils ne peuvent être tous dans le même village, libérables à la fois, le gouverneur pourra, par un arrêté, faire rentrer sous le régime civil ceux qui ne seraient pas libérables au bout de trois années, ou bien prolonger pour tous le régime militaire pendant un an seulement ; cela dépendra du plus ou du moins d'avancement des travaux d'utilité publique de la localité.

4° Pendant la durée du régime militaire, les colons seront tenus d'exécuter gratuitement, dans les moments perdus pour l'agriculture, les travaux d'utilité publique qui intéressent la prospérité de leurs villages.

5° Quand ils seront rentrés sous le régime civil, une ordonnance royale fixera le nombre de journées qu'ils devront donner dans l'année pour les travaux d'utilité publique.

6° Tous les colons feront partie de la milice. Une ordonnance royale en réglera le service.

TITRE III.

ADMINISTRATION.

1° Quand les colons seront rentrés sous le régime civil, ils seront administrés jusqu'à nouvel ordre, comme le sont actuellement les populations civiles sur les territoires mixtes.

2° Cinq ans après l'établissement du régime civil, les colons cultivateurs seront soumis à l'impôt ordinaire ; ceux qui exerceront une profession qui, d'après nos lois, est soumise à la patente, y seront assujettis dès la cessation du régime militaire.

3° Le territoire sera divisé en communes ; plusieurs communes formeront un canton, plusieurs cantons un arrondissement.

Une ou plusieurs communes formeront un bataillon de milice ; un ou plusieurs cantons une légion.

Imprimerie SCHNEIDER et LANGRAND, rue d'Erfurth, 1.

9 782019 281250